소세키와 가족, 가족으로부터의 탈주

북튜브 가족특강 05

소세키와 가족, 가족으로부터의 탈주

발행일 초판1쇄 2020년 12월 3일 | **지은이** 길진숙
펴낸곳 북튜브 | **펴낸이** 김현경 | **편집인** 박순기 | **주소** 서울시 종로구 사직로8길 24 1221호(내수동, 경희궁의아침 2단지) | **전화** 02-739-9918 | **팩스** 070-4850-8883 | **이메일** booktube0901@gmail.com

ISBN 979-11-90351-43-0 04100 979-11-90351-23-2(세트)
이 도서의 국립중앙도서관 출판예정도서목록(CIP)은 서지정보유통지원시스템 홈페이지(http://seoji.nl.go.kr)와 국가자료종합목록 구축시스템(http://kolis-net.nl.go.kr)에서 이용하실 수 있습니다.(CIP제어번호: CIP2020049400)

북튜브 책으로 만나는 인문학강의 세상
북튜브는 북드라망의 강의-책 브랜드입니다.

가족
특강

05

Booktube
북튜브

책머리에

1.

‘가족’ 강의를 재작년 그러니까 2018년에 한 줄 알았다. 찾아보니 2019년, 작년이다. 작년 일인데 아주 먼 과거처럼 아득하다. 2020년 코로나 바이러스가 전세계의 일상을 뒤바꿔 버렸다. 코로나 바이러스 방역에 맞춰 급박하게 일상을 조정하다 보니, 과거의 일들이 휘발된 듯 머릿속에 남아 있지 않다.

작년에 강의했던 ‘가족’ 강좌의 녹취록을 받아들자, 우리의 생활이 달라지는 건 정말 한순간임을 실감한다. ‘가족’ 강좌를 할 때만 해도, 대면 강의를 할지 비대면 강의를 할지 고민하리라고 그 누가 상상이나 했겠는가? 그런데 어느덧 ‘언택트 시대’라는 말이

익숙하다. 그것도 전혀 예상한 바 없는 바이러스 때문에. 그렇다면 어느 순간 '가족'이라는 말조차 사라질 날이 오지 않을까?

그럼에도 불구하고 아직 가족은 문제적이다. 근대의 핵가족이 빠른 속도로 해체되면서 많은 가족들이 1인 가구로 분리, 분화 중이다. 이런 와중에 누구는 여전히 스위트 홈 가족을 꿈꾸고, 누구는 출가(出家)를 외치고, 누구는 가족 트라우마로 괴로워하고, 누구는 무늬만 가족을 지키려 안간힘 쓴다. 물론 대부분의 사람들은 가족을 벗어나지도 못하고, 그렇다고 가족을 혁명하지도 못한 채, 가족의 유지와 해체 사이에서 어정쩡하게 부화뇌동하는 중이다. 그러니 가족으로 인한 번뇌는 그 어느 때보다 심할 수밖에 없다. 폭파 직전, 들끓어 올라 우리들의 참을성을 시험하고 있기 때문이다.

가족을 지켜내려 눈물겹게 노력한다 해도 가족 해체의 흐름을 막을 길은 없을 것 같다. 근대의 핵가족은 그 시효를 다해 막을 내리고 있는지도 모른다. 근대의 핵가족은 보편의 지위를 잃고 다양한 가족 형태 중 하나로 남아, 어쩌면 우리들의 향수를 자극할지도 모른다. 가족 해체를 슬퍼할 일도 없고, 가족 해체가 문제라고 고민할 일도 아니란 생각이 든다. 문제는 핵가족 이후의 '가족'의 모습이다. 가족 너머 우리는 어떤 새로운 관계를 구성하고 살게 될 것인가? 어떤 관계들이 가능할까?

2.

어언 100년 전 근대 핵가족의 보편화가 막 시작될 무렵, 결혼과 가족의 모순을 간파하고 가족으로부터의 탈주를 꿈꾼 사람이 있다. 일본의 소설가, 나쓰메 소세키(夏目漱石, 1867~1916)다. 그는 근대의 시작에서 근대의 제도들을 회의했다. 인간의 진보를 약속했던 근대문명의 빛이 오히려 인간을 왜곡하고 병들게 하리란 전망 아래, 비틀려 가는 근대 인간의 초상을 섬세하게 그려 냈다.

가족을 주제로 청년강좌를 요청받았을 때, 나는 서슴지 않고 나쓰메 소세키의 『도련님』을 소환했다. 나쓰메 소세키의 작품 중에서 가장 속 시원하고 가장 통쾌하기 때문이다. 이 소설의 주인공 도련님은 가족, 학교, 사회에 거침없이 저항하고 자신이 옳다고 여기는 바를 한 치의 망설임 없이 밀고 나가는 인물이다. 한마디로 실행력과 추진력과 독립성에 있어 타의 추종을 불허하는 인물이다. 도련님은 길들여지지도 않고 길들일 수도 없는 존재다. 나는 청년들에게 힘을 주고 싶었다. 도련님이란 인물을 통해 청년들이 그 무엇에도 위축되지 않고, 그 누구에게도 굴종하지 않는, 뚝심과 용기를 갖기를 바랐다. 나쓰메 소세키의 『도련님』은 답답하고 꽉 막힌 듯한 현실을 단번에 날려 버릴 한 방의 강펀치 같은 작품이다.

나쓰메 소세키는 남다른 가족사와 시대사를 안고 살았다. 소세키의 삶 자체가 가족에 대한, 근대에 대한 질문을 하지 않을 수 없게 했다. 가족도, 근대도 우리에게 분홍빛 미래를 선사하지 않는다. 부모는 원래 따뜻하지 않으며, 근대는 인간의 진보를 보장하지 않는다. 부모가 자식을 사랑하는 건 자연스러운 일 같지만, 나쓰메 소세키의 부모나, 나쓰메 소세키 작품 속의 부모는 그렇지 않다. 사랑이 충만한 가정은 그냥 드라마나 소설 속 이야기일 뿐, 현실의 부모는 자식을 대가 없이 사랑하지 않는다. 부모가 애정이 넘친다면 그건 자식에 대한 투자이다.

근대도 마찬가지다. 개인의 자유를 보장했지만, 개인들을 무한 경쟁 속에 밀어넣어 승리자만이 살아남게 만들었다. 게다가 자유로운 개인들에게 근대의 제도를 선사함으로써 역설적으로 자유로운 개인으로서 살아갈 수 없도록 만들었다. 결혼이 그렇다. 일부일처제의 결혼제도는 자유로운 연애의 무덤이다. 결혼제도 안에서 개인들은 자유를 박탈당한다. 제도와 자유로운 개인은 양립 불가능하다.

나쓰메 소세키는 핵가족의 모순과 근대의 모순을 근대가 시작하는 그 지점에서 알아차렸다. 남다른 가족사와 시대사 때문에 그는 근대의 문제를, 가족의 문제를 남들보다 앞서 포착했던 것이다. 나쓰메 소세키가 소설 속에서 형상화한 근대적 인물들의 문제는 100년 뒤 오늘날 우리가 흔히 그리고 심각하게 겪는 문제들이다. 나쓰메 소세키를 읽어야 하는 이유이다.

나쓰메 소세키는 문제를 지적하는 데서 끝나지 않았다. 현실을 분석하는 선에서 멈추지 않았다는 말이다. 가족 너머, 근대 너머에서 길을 찾았다. 근대 너머에서 길을 내고자 부단히 실험했다. 그것이 『도련님』이다. 도련님은 겉과 속이 다른 가족, 겉과 속이 다른 학교에서 과감하게 탈주한다. 가족과 학교는 공모관계다. 도련님은 가족과 학교를 거부하고, 자기 식의 가족을 구성한다. 『도련님』은 100년 전에 근대의 핵가족 바깥에서 새로운 가족의 탄생을 알렸다. 성별, 나이, 학력, 혈연, 신분, 모든 것을 뛰어넘어 가족이 구성될 수 있음을 근대의 벽두에 실험적으로 보여 준다. 솔직하고 욕심 없는 도련님 같은 존재여야만 가능한 일이다. 『도련님』은 고민 많은 청년들에게 '닥치고 실행하기'의 진수를 보여 준다.

3.

강의를 할 당시 『도련님』의 이 경쾌함과 반짝거리는 풍자를 잘 전달하지 못했다. 녹취록을 보니 나의 부족함이 더 확실하게 보인다. 반복되는 말과 투식들은 왜 이리 많은지, 거슬리는 부분이 여기저기 너무 많다. 출간을 예정하고 강의를 했으면 말이 더 정돈되고, 매끄러웠을 것이란 장담 또한 할 수 없어, 이래저래 낯뜨거울 뿐이다. 그러나 확실한 것은 책으로 출간되는 덕분에 『도련님』을 더 읽고, 녹취록 정리를 핑계로 가족에 대해 좀더 진지하게 생각할 수 있었다는 사실이다. 보는 분들은 괴롭지만 나에게는 좋은 일이다. 흘러가는 대로 놔둘 뿐이다. 책을 보는 이들이 비난한다면 그 비난을 달게 받고 책임질 일이다. 도련님의 말처럼 이미 저지르고 난 일이니 그에 대한 벌도 감수해야만 한다.

강의를 책으로 내는 이 새로운 시도에 보탬이 되어야 하는데, 원고를 고치자니 전체가 달라질 것 같고, 놔두자니 문제투성이고, 아주 애매하게 말이 안 되는 부분만 손을 보았다. 이렇게 또 얼떨결에 작은 책 하나를 세상에 내보내게 되었다. 강의는 했지만, 책이 나오기까지 내가 한 일은 거의 없다. 북튜브 출판사의 기획력과 편집능력이 없었다면 절대 책으로 나오지 못했을 것이다. 내 노트북 어딘가에 어설픈 강의안 파일로 저장되어 잊혀져 버렸을 것이다. 운이 좋아 이렇게 세상 구경을 하게 되었으니, 나의 행운에 그리고 이 책의 행운에 감사의 고개를 숙인다. 부족한

논리를, 어설픈 말들을 모아 책이 되게 해준 박순기 실장에게 무한한 경의를 보낸다.

2020년 10월 6일

사이재에서

길진숙

차례

夏目漱石 **1부**

나쓰메 소세키와 근대

소세키, 100년 후를 고민한 작가

안녕하세요. 이번 강의에서는 나쓰메 소세키(夏目漱石)의 『도련님』(坊っちゃん)이라는 소설과 '가족'이라는 주제에 대해서 이야기를 해보려고 합니다. 최근 일본하고 사이가 별로 좋지 않은데, 나쓰메 소세키를 이야기하게 되었네요. 그래도 나쓰메 소세키는 군국주의에도 반대한 사람이고, 자본주의 사회에 대해서도 부정적인 시선을 갖고 있었던 작가입니다. 따지자면 근대가 시작되는 지점에서 근대 100년 이후의 일을 비판한 사람이에요. 그래서 소세키 책을 읽다 보면, 지금 우리가 겪고 있는 고민들이 이 작가의 소설 안에 다 담겨 있어요. 그래서 100년 전 작품들인데도, 오늘날과 전혀 거리감이 없어요.

소세키는 일본 천 엔 지폐에 얼굴이 들어간 적도 있는 작가인데, 사실 이 사람이 돈하고 굉장히 관련이 많습니다. 어언 백 년이 지난 지금의 독자들이 고민하고 있는 돈에 관련된 문제를 비슷하게 고민하고 있는 거예요. 그다음에 가족이라는 문제 역시 소세키의 소설에서 중요한 주제인데요. 소세키는 전통사회로부터 근대로 넘어오면서 가족이 어떻게 달라지는가. 이걸 포착한 사람이에요.

우리가 근대로 넘어가면서부터 개인이 굉장히 중요해지잖아요. 개인의 자유가 중요해집니다. 그 자유로운 개인들이 서로 맺어지는 게 연애겠죠. 자유연애와 결혼의 문제. 소세키의 소설은 이렇게 우리가 흔히 일상에서 겪는 개인들의 고민들을 다루고 있습니다. 흔히 소세키가 살았던 시대라면 민족을 고민해야 할 것 같고, 근대 민주주의에 대해서 아주 거시적으로 고민을 해야 될 것 같은데, 오히려 굉장히 미시적으로 일상적인 것들을 가지고 얘기를 해요. 그렇게 하면서 정말 근대가 진행되면서 일어날 법한 아주 심각한 문제들을 더 예민하고 예리하게 포착한 사람이 나쓰메 소세키가 아닌가 합니다.

소세키 소설의 주인공들은 보통 부부로 살거나 아니면 부부와 아이 하나, 둘, 이렇게 단출한 가족 구성원을 가지고 있습니다. '핵가족'이라고 말은 하지 않았지만, 근대 초창기에 이런 단출한 가족구성원 속에서 일어나는 문제를 주로 다루고 있어요. 연애와 결혼의 문제, 그리고 가족으로 산다는 것이 뭔가. 이런

나쓰메 소세키(夏目漱石, 1867~1916).

얘기를 하게 되는데, 그 사이에서 가족을 균열시키는 것을 자본주의의 돈이라고 보는 겁니다. 돈이 모든 것을 해결해 줄 것 같지만 실제로는 돈이 모든 것을 사로잡으면서 모든 관계를 망가뜨리게 되는데, 그런 과정들을 소세키의 소설에서 많이 볼 수 있어요.

메이지유신과 소세키

본격적으로 들어가서 소세키 개인의 가족사라고 해야 될까요. 이걸 좀 이야기해 드려야 될 것 같아요. 소세키의 가족사는 아주 특별합니다. 특별히 이야기해 둘 필요가 있어요. 소세키는 1867년에 태어났어요. 메이지유신 아시죠? 메이지유신이 1868년 일어났는데, 그 1년 전에 태어난 겁니다. 그러고 나서 근대 개혁을 단행했던 메이지 천황이 1912년에 죽거든요. 그렇게 메이지 시대가 마감을 하는데요. 소세키는 그로부터 4년 뒤 1916년에 생을 마감했어요. 그래서 소세키는 메이지유신의 시대를 자신의 시간으로 가진 사람, 메이지유신의 진행과정 속에서 성장하고 죽은 사

1867년 도쿠가와 막부가 천황에게 통치권을 돌려준 대정봉환(大政奉還)의 장면을 그린 그림. 나쓰메 소세키가 탄생한 해에 이루어진 대정봉환은 메이지유신의 시작을 알린 사건이었다.

람이라고 할 수 있어요. 그래서 소세키 자신이 메이지 유신에 대한 남다른 자의식이라고 해야 되나요, 이걸 가질 수밖에 없었을 것 같아요.

메이지유신에 대해서 간단히 설명을 드리자면 당시 도쿠가와 막부가 정치를 장악하고 있었고, 천황은 실권은 없는 존재였습니다. 그런데 천황이 지위를 되찾아 정치에 나서야 한다고 주장하는 존왕파가 쿠데타를 일으켜서 도쿠가와 막부를 타도하고 천황제를 수립하죠(1867년). 그리고 2년 후인 1869년에 '판적봉환'이라고 하는 게 이루어져요. 영토가 '판'이고 '적'이 농민이거든요. 막부가 가진 모든 권한을 박탈하고, 영토와 농민을 천황에게 반납하면서, 부와 현이 설치되고, 전국의 토지와 국민에 대한 천황의 직접통치가 이루어지는 시대가 되는 겁니다. 그래서 이때 사농공상의 계급이 철폐되고, 부국강병의 슬로건 아래 일본이 국가주도의 근대화 정책을 시작합니다.

그러니까 소세키가 살았던 당시는 전통 일본과 서양 문명이 교차하는 때였다는 겁니다. 그 시대를 살면서, 소세키는 일종의 분열 속에 있었던 거죠. 구 사회에도 속하는, 그런데 서구 근대도 밀고 들어오는 그 사이에서 분열 같은 것을 느끼는 사람이었습니다. 그래서 소세키는 신경증을 앓았던 것으로도 유명합니다. 죽을 때까지 신경증을 앓고, 위궤양으로도 고생을 했습니다. 위궤양 때문에 피를 쏟기도 했어요. 신경증은 왜 앓았던 걸까요? 시대가 너무 이 사람을 예민하게 만들었던 거죠.

소세키는 '이런 시대에 도대체 어떻게 해야 되나', 고민을 엄청나게 했을 거예요. 구 사회를 좇자니 구 사회는 마음에 안 들고, 서구 근대문명을 좇자니 그것도 그렇게 탐탁지 않았던 거죠. 왜냐하면 소세키가 영국 유학을 가거든요. 근대가 막 시작되려는 시점의 일본에서 가장 발달한 나라 영국으로 가서는 근대의 종말을 봤기 때문에, 고민 안 할 수가 없겠죠. 그래서 신경증을 앓게 되는 겁니다. 그리고 소세키의 가족 역시 이 신경증에 원인을 제공합니다. 메이지유신과 더불어 호적제가 실시되는데, 이 호적제 때문에 소세키는 개인적으로 굉장히 불행한 경험을 하게 됩니다.

메이지유신으로 호적제가 실시되면서 서민에게 성(姓)이 주어집니다. 이렇게 호적제가 실시되는 동시에 일본은 의무교육제를 단행합니다. 우리가 뒤에서 소세키의 『도련님』을 가지고도 얘기를 할 텐데요. 가족과 학교는 굉장히 긴밀합니다. 우리가 개인이라고 할 때의 나는 무얼 통해서 스스로를 드러내죠? 가족을 통해서 그리고 학교를 통해 드러냅니다. 이걸 통과한 다음에 사회로 진출하는 거죠. 지역사회로 나아가고 국가로 나아가서 그걸 통해서 나를 보여 주는 방식으로 근대화가 진행된다는 거죠.

메이지시대에는 일본 전통사회가 근대문명과 만나면서 자기 갱신에 온 힘을 다 쏟습니다. 그런데 이렇게 동양과 서양이 만나면서 동양이 갑자기 어떻게 되죠? 미개한 나라, 반문명의 나라, 야만의 나라가 되는 거예요. 서구를 안 만났으면, 사실 동아시아의 국가들도 문명국가인 거죠. 그런데 서구를 만나면서 우리는 '야만의 나라구나'라는 자의식이 생겨나는 겁니다. '동양'이라는 말 자체도 서양을 만나야 성립되는 말이니까요. 이렇게 타자와 만나야 자의식이 생깁니다. 그렇죠? 나라고 하는 존재가 어떤 존재인가를 끊임없이 확인하는 것, 그게 자의식이죠. 타자가 있기 때문에 그 자의식을 계속 갖게 되는데, 이전에는 '동양'이라는 자기규정이 동아시아 3국, 조선, 청나라,

"

흔히 소세키가 살았던 시대라면 민족을 고민해야 할 것 같고, 근대 민주주의에 대해서 아주 거시적으로 고민해야 될 것 같은데, 오히려 굉장히 미시적으로 일상적인 것들을 가지고 얘기를 해요. 그렇게 하면서 정말 근대가 진행되면서 일어날 법한 아주 심각한 문제들을 더 예민하고 예리하게 포착한 사람이 나쓰메 소세키가 아닌가 합니다.

일본 어디에도 없었어요.

그런데 서구 열강이 총하고 폭탄 들고 오는데 어떻게 할 거예요. 열어야죠. 동아시아가 미개해서 연 것 아니에요. 힘이 없어서 연 거예요. 우리는 보통 이런 근대화의 과정을 생각하면서 왜 먼저 근대화를 하지 못했을까를 고민하는데, 그 근대라는 것이 인류 발전의 끝은 아니잖아요? 그런데 동아시아가 근대를 맞이하면서 근대를 최종적인 발전단계로 생각하게 됩니다. 가장 인간답게 살 수 있는 성숙한 조건, 그게 근대다. 그렇게 생각하게 된 거예요. 물론 개인의 자유와 해방이 이루어졌던 시대이기도 하기 때문에 그렇게 얘기하겠죠.

이런 자기인식을 갖게 되면서 동아시아 국가들이 고민을 하게 되는데, 조선은 개방정책을 하면서 이 근대라고 하는 것을 바로 수용했어요. 우리가 서구문명을 이식했다고 그러면 되게 기분 나쁠 수 있는데, 생각해 보면 우리는 일본을 통해서 서구문명을 받아들여서 그냥 바로 심은 거예요. '이식'한 겁니다. 그래서 우리는 별로 자의식이 없어요. 그런 자의식을 갖지 않아서 굉장히 수용을 빨리 하기도 한 거죠. 왜냐하면,

1853년과 1854년 일본의 개항을 압박한 페리 제독의 내항과 더불어 일본의 개방과 근대화는 시작되었다. 일본인들의 눈에 비친 서구의 군함은 괴물과 같은 존재였지만, 메이지유신을 거친 일본은 곧바로 서구적 근대화와 군국주의의 길로 달려나가기 시작한다.

이건 민족의 내일이니까요. 안 그러면 우리가 망하니까 빨리 수용을 하는 겁니다. 근대문명을 안 받아들이면 멸망이 뻔히 보이니까 받아들이게 되는 거거든요. 그래서 우리는 시작을 빨리 하고 유행도 빠르고 빨리빨리 몰려가잖아요. 그런 것처럼 진짜 개화기 때 수용력이 엄청나게 뛰어났던 것 같아요. 우리는 계몽의 빛을 향해서 달려갔어요. 이 계몽의 빛이 우리를 다르게 만들 것이다, 이 믿음에는 조금의 회의도 없었어요.

우리는 그렇게 달려갔는데, 중국하고 일본의 루쉰이나 나쓰메 소세키 같은 작가들을 보면, 고민을 많이 했습니다. 저 서구문명을 우리가 다 받아들여야 돼? 저 서구문명은 옳아? 저 근대가 우리를 인간으로 해방시켜 주는 건 맞아? 이걸 고민했어요. 그러니까 우리 전통사회는 다 사라져야 하고 밀려들어오는 문명은 우리가 다 받아들여야 하는가에 대한 고민이 있었던 거죠. 대세는 어차피 문명화되는 과정이었지만 어쨌든 그래도 그 사이에 끼어서 고민을 많이 하면서 우리의 길은 무엇인가, 중국식 근대화는 어때야 하는가, 혹은 일본식 근대화는 어때야 하는가, 도대체 근대란 무엇인가, 이런 걸 짚으면서 엄청나게 고민했던 작가들이 일본과 중국에는 있었다는 거예요. 우리도 있었겠죠. 그렇지만 우리는 너무 적극적으로 수용했어요. 그런 회의를, 질문을 좀 덜 던졌어요.

夏目漱石 2부

나쓰메 소세키와 가족

소세키의 가족사

말씀드렸듯이 일본에서는 소세키가 이렇게 근대의 문제에 대해 고민한 대표적인 작가인데요. 왜 그랬을까를 생각해 보면 소세키 개인의 삶이 주는 무게, 이런 게 한몫을 했던 것 같아요. 그런 의미에서 나쓰메 소세키의 가족사를 살펴볼 필요가 있습니다.

우선 소세키의 이름부터 살펴볼 텐데요. 나쓰메 소세키는 필명입니다. 진짜 이름은 나쓰메 긴노스케(夏目金之助)예요. 나쓰메는 성이고 이름이 긴노스케인데, 한자를 보면 '금지조'(金之助)라고 되어 있죠. 금 기운을 도와주는 거예요. 소세키가 경신일(庚申日)에 태어났어요. 소세키가 태어난 날의 일주(日柱) 경(庚)과 신(申)이 모두 사주명리에서는 금(金)의 기운을 뜻합니다. 경금, 신금, 이렇게 이야기하는데요. 천간(天干)의 경금과 지지(地支)의 신금은 음양으로 나눌 때 둘다 양의 기운입니다. 소세키는 양금(陽金)의 기운을 갖고 태어난 거예요. 명리학을 공부하신 분도 있겠지만 양은 발산하면서 센 기운인데, 일본에서는 음양오행상 양금이 두 개가 되면 '큰 도둑이 된다'는 속설이 있어서 불길하게 여겼다는 거예요. 그래서 이름에 금(金)자를 넣었어요. 금 기운을 더해 주는 것으로 금 기운을 빼는 거예요.

긴노스케는 아버지가 쉰 살, 어머니가 마흔 두 살에 태어났어요. 생각해 보세요. 당시에 아버지는 쉰 살이고 어머니는 마흔 두 살이라는 것이…. 참고로 소세키가 죽은 게 쉰인가 그렇거든요. 다 늙은 나이에 아들이 태어난 거예요. 어머니는 후처였어요. 아버지는 전처에게서 다섯 명의 아이를 둔 상태였고요. 긴노스케는 나쓰메 집안의 막내로 태어난 거죠. 어머니는 나이가 많아서 낳았기 때문에 아이가 태어난 것 자체가 너무 부끄러운 거예요. 그때 기준으로는 할머니가 되어서 낳은 거잖아요. 지금 마흔 두 살이면 결혼 안 한 사람도 많고, 굉장히 젊게 하고 다닐 나이지만, 이때는 할머니예요. 사실 얼마 전까지도 사실 마흔 넘으면 많은 나이였죠. 아닌가요? 저는 그랬는데. 마흔 두 살에 엄청 나이 많이 먹은 줄 알고, 저는 되게 어른인 줄 알았어요. 생각해 보면 그런 것도 아니고 지금도 별로 어른 같지 않은데 엄청 늙은 것처럼 또 살고 있거든요. 어쨌든, 그렇다 보니 소세키의 어머니가 너무

6살 무렵의 소세키(왼쪽)와 소세키의 어머니인 지에(千枝, 오른쪽). 소세키의 어머니는 마흔이 넘은, 당시로서는 매우 늦은 나이에 소세키를 낳았다.

부끄러운 겁니다. 그래서 그랬는지, 태어나자마자 양자로 보내요. 남의 집 수양아들로 보내 버린 거예요. 고물상하는 집에 보냈대요.

소세키의 가족사가 좀 남다르죠. 가족 얘기 할 만합니다. 소세키가 나중에 이렇게 얘기를 했어요. "우리 부모님은 내가 태어난 지 얼마 안 되어서 나를 남의 집 수양아들로 줘 버렸다. 그 집이 물론 내 기억에 남아 있을 리 없지만 어른이 된 후 들어 보니 아무래도 고물상을 하면서 근근이 살아가던 가난한 부부였던 것 같다"(고모리 요이치 지음, 『나는 소세키로소이다』, 한일문학연구회 옮김, 이매진, 2006년, 19쪽), 이렇게요. 나쓰메 소세키의 본가가 그렇게 못살지는 않았어요. 그런데 애를 보내 버린 거예요. 여러 가지가 작용을 했겠죠. 소세키가 또 이렇게 회상합니다. "나는 그 고물상의 잡동사니와 함께 작은 광주리 속에 누워 매일 밤 요쓰야 거리의 야시장 노점에 나와 있었다고 한다. 어느 날 밤 누나가 무슨 일인가 있어 그 앞을 지나가다가 나를 보고는 가엾다는 생각이 들었는지 품에 안고 집으로 데려왔다는데, 내가 그날 밤 잠도 안 자고 밤새도록 울어대기만 해서 누나는 아버지에게

몹시 꾸중을 들었다고 한다"(같은 곳).

이 기억이 있어서 그런지 소세키의 대표작인 『나는 고양이로소이다』는 이렇게 시작해요. "나는 고양이다. 이름은 아직 없다. 어디서 태어났는지 도무지 짐작이 가지 않는다. 아무튼 어두컴컴하고 축축한 데서 야옹야옹 울고 있었다는 것만은 분명히 기억한다"(나쓰메 소세키 지음, 『나는 고양이로소이다』, 송태욱 옮김, 현암사, 2013, 16쪽). 수양아들로 아주 어려서 보내져서 기억에 남아 있진 않겠지만 만들어진 기억 같은 걸 가지고 있는 거죠. 이렇게 수양아들로 간 것도 참 평탄치 않았는데, 그 뒤 집으로 돌아왔다가 다시 양자로 보내져요. 시오바라 쇼노스케라는 사람의 집에 양자로 들어가게 돼요. 이러면 되게 불쌍하다고 얘기하잖아요. 요새는 강아지, 고양이들도 입양되었다가 다시 어디로 가고 그러면 엄청 불쌍하다고 하는데, 지금 어린아이가 왔다갔다하는 거죠. 그래서 시오바라 집안에서 크는데, 소세키가 여덟아홉 살쯤 되었을 때 양부모가 사이가 나빠져서 이혼을 하게 된 거예요. 그래서 긴노스케는 시오바라라는 성을 가지고 본가로 돌아오게 됩니다.

그런데 본가로 돌아왔는데, 희한하게 이 집이 복적을 안 해줬어요. 그래서 긴노스케는 나쓰메 집안으로 들어왔는데도 불구하고 시오바라라는 성을 그대로 유지하는 거예요. 그리고 자기 진짜 부모를 조부모로 알았어요. 할머니, 할아버지라고 불러도 이상하지 않을 나이기는 했죠. 그래서 진짜 부모를 '할머니', '할아버지'라고 불렀는데 어느 날 늙은 하녀가 한밤중에 "긴노스케, 긴노스케" 하고 부른 거예요. 그러고는 네가 할머니, 할아버지로 아는 사람이 네 진짜 부모야. 이렇게 알려줬어요. 자, 그런데 자기는 뭐예요. 성을 지금 시오바라로 쓰고 있어요. 진짜 부모가 누군지 알게 되었잖아요. 시오바라 씨네는 양부모였고, 이 사람들이 진짜 부모인데 어땠을까요? 진짜 부모를 부모라고 말 못하는 거죠. 그리고 양부모는 이미 이혼을 했고요.

이걸 고모리 요이치(小森陽一) 같은 사람은 '소세키의 이중구속'이라고 말해요. 진짜 부모를 부모라고 부르지 못하고, 양부모도 부모라 부르지 못하는 이 상태. 이게 근대 일본, 근대가 교차하는 시기의 일본과도 비슷하지 않나요? 심리적으로 일본 구 사회를 내

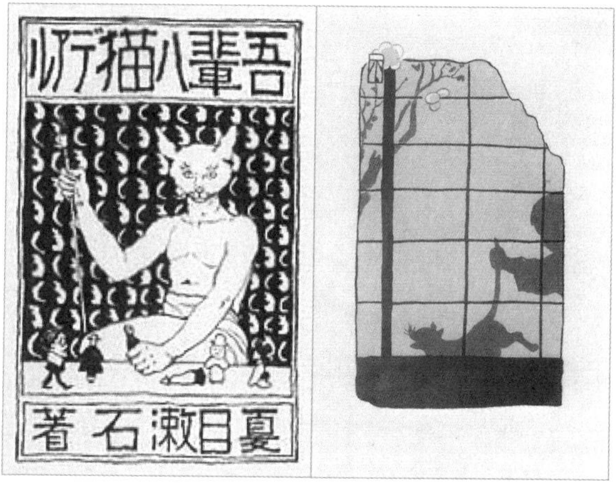

『나는 고양이로소이다』의 표지(왼쪽)와 나카무라 후세츠(中村不折, 1866~1943)가 그린 삽화(오른쪽).

나라라고 부를 수 없고, 영국문명을 내 문명이라고 받아들이기에도 참 애매한, 그런 이중구속이 소세키의 가족사에서 보이는 거죠. 그런데 여기서 끝나는 게 아니라 이 양아버지 시오바라 쇼노스케가 소세키가 청년이 된 스무 살 무렵에, 소세키의 본가에다 양육비 240엔을 청구해요. '널 길러 줬던 그 돈'을 훗날 다시 청구를 하는 거예요. 양부모의 애정이 금전으로 환산되는 순간이었죠.

스위트 홈이라는 환상 – 『한눈팔기』

이런 자신의 가족사를 바탕으로 해서 쓴 소설이 있어요. 『한눈팔기』(道草)라는 소설인데요. 겐조라는 주인공, 아마도 소세키 본인을 그린 거겠죠. 그리고 양부 시마다, 그리고 양모 오쓰네. 이들이 보여 주는 굉장히 비틀린 애정을 그리고 있습니다. 이 소설에서 소세키는 자식을 '소유'해야 된다는 생각에 주목을 해요. 처음에 양부모가 겐조를 데리고 왔을 때, 무얼 먼저 확인할까요? "내가 너의 '진짜' 엄마, 아빠야"라

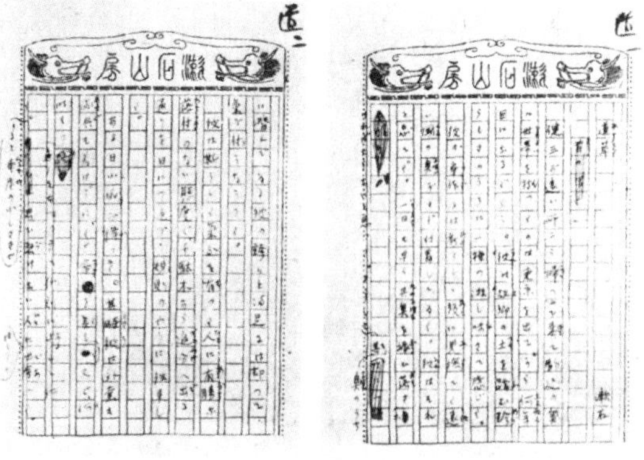

『한눈팔기』의 육필 원고. 이 소설에는 양자로 이 집 저 집을 옮겨다니거나 양부모가 '키워 준 보답'으로 돈을 요구하는 등, 가족을 둘러싼 소세키의 자전적 경험이 담겨 있다.

는 인식을 심어 주고 그것을 확인하고 싶겠죠. 그 묘사가 되게 재미있어요. 네 아버지는 누구지? 그럼 겐조가 손가락으로 시마다를 가리켜요. 네 엄마는? 이렇게 물어보면 오쓰네를 가리켜요. 그래서 이 아이가 우리를 진짜 부모로 아는구나, 이렇게 만족되면, 같은 물음을 또 다른 식으로 계속 물어보는 거예요. 네 진짜 아버지, 엄마는 누구야? 이러면 계속 이 아이가 거듭거듭 양부모 마음에 드는 대답을 하는 거죠.

이렇게 하는 건 뭐예요? 진짜임을 강조하는 건 진짜가 아니라는 거잖아요. 그죠. 비슷한 것은 가짜예요. 양부모도 알고 있는 거예요. 이 마음속에 양부모라는 자의식이 크게 자리한 거죠? 이런 자의식이 너무 강조가 되면 진짜 부모가 되기 힘들어요. 그 자의식 때문에 남이 어떻게 볼까를 신경 쓰고, 진짜임을 강조하는 행위를 계속 하게 되는 거예요. 사실 진짜다 가짜다 이런 의식 자체를 하지 않아야 아이가 인정하는 부모 자식이 되는 거 아닐까요? 그런데 자연스럽지가 않은 거죠. 그래서 계속 강조를 하는 거예요. 그러면 지금 겐조라는 이 양자도 어떻게 해요? 마음속으로는, 저 사람들은 진짜가 아니구나. 입으로는 진짜

라고 얘기하지만 나의 엄마, 아버지가 아니구나, 이렇게 생각을 하겠죠. 그런데 이들이 진짜 엄청나게 애정을 쏟습니다.

양부모가 어린 시절 겐조한테 애정과 돈을 아끼지 않았어요. 그런데 이 애정이 순수하지도 자연스럽지도 않은 거죠. 자식을 자기의 전유물, 소유물로 생각하면서 구속을 하는 거예요. 은혜를 베풀면서 보상을 받으려는 심리가 있는 거죠. 부모와 자식이 이렇다는 거예요. 그래서 겐조는 어린 시절에 그렇게 생각해요. '소중한 존재가 되는 것은 자유를 빼앗기는 것이군'. 사실 이건 양부모가 아니라 진짜 부모도 그래요. 여러분이 소중한 존재가 되었기 때문에 자유를 뺏기는 거예요. 가족이 이런 거죠.

이 소설의 배경이 되는 때는 사람들이 스위트 홈을 꿈꿀 때예요. 그리고 소세키의 주인공들은 다 중산층이에요. 지금 우리가 생각하는 전형적인 중산층에 해당하는데, 이런 계층조건을 생각하면 잘살고 교육도 잘 받은, 그래서 스위트 홈을 꾸릴 수 있는 그런 집들인 거죠. 그런데 이런 가족들이 마음속으로는 무얼 갖고 있는 거죠? 자유를 뺏을 수 있는 거라고 생각을 하게 되는 거죠. 그래서 자식 키우는 것을 일종의 자본주의식 투자수익구조처럼 생각을 하는 거예요. 내가 너한테 이만큼 쏟으니까 너도 그렇게 나한테 보답해, 이런 식인 거죠. 내가 원하는 모양대로 살아 주기를 원하는 거예요.

소세키 역시 이런 자의식을 가지고 있었기 때문에 양자로 간 사람들 얘기도 간혹 소설에 나오거든요. 그런 이야기 속에서 의사 집안에 양자로 가면 당연히 그 집은 아이한테 모든 것을 다 투자하지만, 아이가 반드시 뭐가 되어야 해요? 의사가 되어야 하는 거죠. 요즘 부모님들은 양부모도 아닌데 다들 왜 그러는지 모르겠지만…. 여하튼 이 소설(『한눈팔기』)에서도 마찬가지로 양부모가 이혼 때문에 겐조를 파양합니다. 그러고는 나중에 자꾸 돈을 요구해요. 우리가 보살펴주고 아껴 줬으니까 그 대가를 지불해라, 이러면서요. 그래서 이 주인공 겐조는 글을 쓰거든요. 이걸 갚느라고 막 미친 듯이 글을 써요. 이런 장면을 보면 어떤 생각이 드시나요? 벌써 뭔가 비틀어진, 서로 대가를 치르는 가족관계를 볼 수 있지요. 정말 스위트 홈이라는 건 없겠구나, 이런 생각도 드실 거고요.

금전과 소유로서의 가족

이게 소세키의 놀라운 점이라고 저는 생각해요. 근대의 시작인데, 소세키에게는 스위트 홈에 대한 환상이 없어요. 스위트 홈은 환상이고, 그런 건 애초에 있을 수 없다고 생각했어요. 왜냐하면 돈으로 주고받는 관계가 만들어졌기 때문입니다. 이전 사회의 가족하고는 다른 거예요. 예전에는 가문 공동체였잖아요. 그 일원이 되어 살아가는 거였는데, 이제는 최소단위의 가정, 최소단위 공동체, 다시 말해 핵가족 속에서 살아가게 된 거죠. 일본이 그렇게 진입하고 있는 이 근대 핵가족의 시작 단계에서 그런 가족은 서로 대가를 치르는 관계라서 행복할 수는 없다는 걸 소세키가 포착한 겁니다. 실제 소세키는 양아버지 시오바라 쇼노스케에게 증빙문을 보냈어요. "이제 소생은 귀가와 인연을 끊사오니, 제 친아버님으로부터 양육비로 금 240엔을 받으신 이상 저는 본래의 성으로 돌아가는 바입니다. 이번 일로 양가 서로 불편하거나 몰인정하다는 말이 나오지 않기를 앙망하나이다"(고모리 요이치, 『나는 소세키로소이다』, 28쪽). 소세키도 차단한 거예요. '이제 줬다. 더 이상 나를 귀찮게 하지 마라.' 이렇게 계약관계처럼 이 관계가 끝나 버린 거예요.

이 때문에 소세키는 금전과 권력이라고 하는 것, 이것에 대해서 생각을 굉장히 많이 했는데요. 소세키는 금전이라는 건 지극히 귀중하고, 무엇으로든 자유자재로 유통할 수 있어서 편한 거라고 합니다. "예를 들면 지금 내가 여기에서 미두를 해서 십만 엔 정도를 벌었다고 한다면, 그 십만 엔으로 가옥을 지을 수도 있고, 서적을 구매할 수도 있고, 또는 화류계를 흥청거리게 할 수도 있으며, 인간의 도덕심을 매점하는 등 그 사람의 혼을 타락시키는 도구로 사용할 수도 있습니다"(나쓰메 소세키, 『문명론』, 황지헌 옮김, 소명출판, 2004, 249쪽). 돈과 권력의 관계를 굉장히 예리하게 포착했어요. 앞서와 같은 가족 관계라면 혼을 타락시킨다는 거예요. 여기에는 자연스러운 애정을 기반으로 하는 게 없는 거죠. 부모와 자식 간에 그런 애정은 없어요.

그리고 여기 권력까지 결탁이 되면 어떻게 돼요? 자신의 개성을 타인이 억지로 강요하는 도구가 권력이라고 합니다. 개성을, 자기 개성을 확장시키기 위해

소세키를 모델로 한 일본의 1천 엔 화폐. 소세키는 평생 금전에 얽매이는 삶을 살았고, 이런 경험들을 통해 얻은 '돈'에 대한 통찰은 여러 작품 속에서 드러나 있다. 하지만 역설적이게도, 1984년부터 2004년까지 일본 1천엔 지폐의 모델은 바로 소세키였다.

서 타인을 유혹하는 도구로서 사용할 수 있는 지극히 대단한 것이 돈의 힘이고, 자본주의적 인간관의 근저에는 돈의 힘이 작용하는 거죠. 자 이제 돈을 가지고 한 개인의 자유를 확보하는데 다른 사람을 어떻게 하는 거예요? 사로잡는 거죠. 그래서 타락시키는 것. 그래서 소유관계로 만들어 버리는 것. 이게 소세키가 근대화 과정에서 깨달은 바이기도 하고 자기가 겪은, 부모와의 관계에서 겪은 것이기도 해요.

가정은 절대 안식처일 수 없다!

그런데 이 양부모만 너무한 건 아니에요. 친부모는 자식을 일찍 버렸잖아요. 친부모는 끝까지 냉정해요. 소세키가 본적에 올라간 게 스물한 살이에요. 그러니까 계속 시오바라라는 성으로 학교를 다녔어요. 자기 집은 나쓰메 집인데 성은 시오바라였던 거죠. 예전처럼 호적제가 없었으면 차라리 성이 없어서 편했을 것 같아요. 그런데 호적제가 생기면서 자기 성을 분명히 밝혀야 하는 시대가 된 거예요. 그러니 더 예민할 수밖에 없지 않겠어요? 그래서 그런 것 때문에도 고민이 많았는데, 나쓰메 가족에게도 큰일들이 벌어집니다. 1887년에 31살 된 큰 형 다이스케(大助)가 폐결핵으로 죽어요. 그런데 3개월 뒤에 차남 나오노리(直則)가 또 폐결핵으로 목숨을 잃어요. 이렇게 아들들이 죽어 나가니까, 이 아버지가 이때서야 가문의 대가 끊길까 염려해서 이 긴노스케를 나쓰메 가로 복적시켜 줬어요. 너무하지 않나요.

이렇게 부모 자식이 다 자기 좋은 대로 하는 거예요. 자기 이익에 맞추어서 행동하는 거지, '자식에 대해서 헌신한다', '가정은 안식처다', 이런 거 없다는 거예요. 유독 나쓰메 소세키는 그게 없다고 생각했던 거죠. 가정은 절대 안식처일 수 없어요. 따뜻한 공간이지 않아요. 자기들이 뭔가 거기서 이득이 있을 때 자식도 사랑해 주고 본적에도 올려 줘요. 주고 받는 관계 속에서 자식들은 복종을 하는 거예요. 하지만 이런 관계에서는 부모의 사랑을 애초에 느낄 수 없는 거죠. 부모에 기댈 것도 없고요.

소세키에게 이런 가정 환경이 좋은 측면도 있어요. 이랬기 때문에 시대를 민감하게 바라봤어요. 이 이중구속의 상태에서 근대와 구 사회에 대해 다른 사람보다 훨씬 더 예민하게 바라볼 수 있었어요. 이걸 부모 '덕'이라고 할 수도 있을까요? 생각하면 또 부모님이 가족을 이렇게 만들어 줬기 때문에 경계 바깥에 선 자의 비애를 누구보다 더 예민하게 받아들일 수 있었던 거고, 소설을 쓸 수 있었던 거죠. 이런 경험이 없었더라면 그렇게 예민할 수 없었겠죠. 그래서 좀 슬프긴 하지만 나쁜 건 아니다. 역설적으로 날 사랑하지 않는 부모님은 늘 나를 강하게 만들고, 새로운 존재로 만들어서 오히려 좋은 거라고 생각할 수도 있는 거죠.

사실 너무 사랑하면 자유를 뺏겨서 인형이 되어버려요. 부모의 인형이 될 수 있어요. 그래서 아까 말씀드린 것처럼 핵가족은 안식처가 아니라는 겁니다. 이걸 강상중 선생이 뭐라고 하냐 하면, "소세키는 가정을 최소단위의 '아수라장'으로 봤다"(강상중, 『살아야 하는 이유』, 송태욱 옮김, 사계절, 2012, 73쪽)고 합니다. 사회의 최소단위인 핵가족이, '최소단위의 아수라장이기도 하다'라고 진단하는 거예요. 왜 그러냐하면 돈이 가족을 균열시키기 때문입니다. 게다가 사회는 개인이 자유를 획득해야 되는 시대로 변한 거죠.

무한경쟁의 시대가 됐어요. 모든 것이 누구의 책임으로 돌아올까요? 개인의 책임. 그래서 개인이 자유를 확보하기 위해서는 어떻게 해야 해요? 가족 안에서도 경쟁을 해야 해요. 결국 돈이 가족을 균열시키고, 개인들의 경쟁이 부부를 불신하게 만들게 되죠.

부부, 소통불능의 관계

소세키는 『나는 고양이로소이다』에서 도쿠센 선생의 입을 빌려, 개성 발달 시대의 부부관계를 이렇게 말했어요. "현명한 아내일수록 개성은 굉장한 정도로 발달하네. 발달하면 할수록 남편과 맞지 않게 되고, 맞지 않으면 자연히 남편과 충돌하지. … 집안은 대지진이 일어난 것처럼 들썩거리는 거지. 이쯤에 이르러서야 부부가 동거하는 것이 서로에게 손해라는 것을 깨닫게 되는 거라네." "천하의 모든 부부가 헤어지겠지. 지금까지는 한 곳에 사는 것이 부부였지만, 앞으로는 동거하는 자를 부부의 자격이 없는 자로 간주할 걸세."(『나는 고양이로소이다』, 597쪽) 부모, 형제, 자식

뿐만 아니라 최후에는 부부도 함께 살기 어려워질 거라고 소세키는 진단합니다.

그래서 자유연애로 사랑을 하지만 정작 부부가 되면 어떻게 돼요? '원수'가 되죠. 부부가 되었어도, 서로 사랑하는 걸 확인해야 하는 거예요. 평등한 개인과 개인이 만나서 사랑을 하는데 서로 확인하고 탐색하는 관계로 변해 버려요. 자유로운 연애와 결혼이라는 구속이 양립가능한가를 생각해 보세요. 불가능합니다. 엄밀히 따지면 자유연애를 지향하면 결혼은 없어야 되는 거죠. 그렇지 않나요? 그런데 제도로 묶어놔 버렸어요. 일부일처제라고. 그러면서 자유연애는 하라는 거죠? 이건 뭐예요? 그러니까 이 사이에서 뭔가가 엄청 삐걱거리고 있는 거거든요. 소세키는 이걸 간파했어요.

이렇게 양립불가능한데도 사람들은 결혼을 합니다. 서로 믿고 결혼을 하지만, 각자 자유가 있기 때문에 경쟁사회에서 언제든 떠날 수도 있고 변할 수도 있는 거죠. 변심이 가능한 겁니다. 경쟁자는 무수하게 많아요. 그러니까 불안한 개인들은 상대를 끊임없이 탐색하면서 상대의 마음을 온전히 내 것으로 만들기 위해서, 완전히 소유하려고 몸부림치죠. 이 관계에서는 내가 이 사람을 전적으로 믿고 사랑하는 게 아니에요. 사랑했다고 착각하는 거죠. 저 사람이 나에게 마음을 다 준 건가? 이러다 보면 뭔가 삐걱거리겠죠. 그리고 여기서 의심이 싹트게 됩니다. '나에게 마음을 다 안 줬어', '완벽하게 소유할 수가 없어', 이런 결핍이 계속 작동해요. 이런 내용을 소세키가 소설에서 실제로 쓰고 있어요. 『행인』이라는 작품에서요. 놀랍죠.

그래서 소세키 소설 속 부부들은 행복할 수가 없어요. 남편은 신경증에 걸리고, 여자는 히스테리로 고생을 하죠. 이런 병들은 사실 19세기, 20세기 초반 병이잖아요. 시대병이라고 할 수 있어요. 이런 병과 고통이 우리가 다른 사람의 마음을 탐색하고 장악한다고 해결할 수 있는 건가요? 탐색해서 알 수 있는 것이 마음은 아니죠. 어떻게 다 알아요. 그런데 마치 다 알 수 있는 것처럼 생각을 하고, 그래서 여차하면 '내게 마음을 다 안 주고 있어'라는 불안에 시달리고, 그렇지만 그런 마음을 드러내기에는 자존심 상하고, 그 때문에 신경증을 앓거나 히스테리를 앓아요. 끊임없이 확인해야 하는데, 그게 불가능하기 때문이죠. 그래서 부부는 이렇게 삐걱거려요.

그래서 자유해방을 외치는 이 시대에 결혼이라는 제도, 구속 안에서 어느 누구도 사실 제대로 관계 맺는 것이 불가능하다는 거예요. 그래서 이 시대의 부부들도 소통이 불능한 상태예요. 고립되어 있어요. 각자. 겉으로는 평화로워 보이는데 소통불능의 상태로 각자가 갇혀 있는 거죠, 각자의 방에. 이런 모습은 지금 우리 시대의 가족들하고 똑같지 않나요? 부모 자식 간에 믿음이 있으세요? '온전히 다 나한테 줘야 돼. 부모님도 온전히 나한테 신경을 써야 해', 지금 이런 감정들 말고 가족 간에 다른 건 없지 않나요? 그래서 그게 없으면 막 의심하고, 어긋나게 되면 마음 내키는 대로 행동합니다. 그러면서 또 자식들한테 엄청 투자하고, 또 자기 입맛에 맞게 길들이려고 너무너무 노력하잖아요. 그러니까 이거는 일종의 자기 확대예요. 그 존재 자체를 그냥 인정하는 게 아니라 자기화하는, 자기를 확대하는 방식으로 부부가 만나서 살고 자식을 낳아서 기르고, 이러고 있는 상태라는 거죠.

그래서 오늘날 우리는 최소단위의 공동체인 가족 안에서 어떻게 하고 있죠? 다 각자의 방에 갇혀서 아

소세키와 그의 부인 나쓰메 교코가 맞선을 보기 위해 교환한 사진.

무것도 안 하죠. 소통을 안 하잖아요. 참 좋은 게 아파트에 살면서 방문만 닫으면 하루 종일 얼굴 안 볼 수도 있어요. 그렇지 않나요? 여러분 화날 때 생각해 보세요. 저희 애가 한창 사춘기를 겪을 때 얼굴 보기 힘들었어요. 문 닫고 들어가면 문 열기도 힘들어요. 소통이 불능이에요. 이게 우리의 현재 가족을 보여 주는데 이 가족의 모습을 100년 전에 소세키가 이미 진단을 하고 있다는 거죠.

이런 모습을 지그문트 바우만(Zygmunt Bauman)이 디지털에 대해 이야기하는 것에서도 찾아볼 수 있어요. 바우만은 디지털이 우리를 사회화시키면서, 동시에 분리를 시킨다고 합니다. 생각해 보세요. 인터넷을 통해 굉장히 많은 사회화가 이루어지죠. 수많은 정보가 인터넷을 통해 공유되고…. 그런데 동시에 우리는 분리되어 있어요. 인터넷을 통해 어딘가에 접속하는데, 실제로는 다 각자가 고립되어 있다는 거죠. 이렇게 연결하게 하면서도 연결을 끊게 하는 것, 이게 디지털이라고 얘기를 하더라고요. 바우만의 이런 이야기들이 우리 가족의 모습과도 비슷한 거죠. 사회화하면서도 분리하는, 접속하면서도 고립시키고, 연결하게 하면서도 연결을 끊는 요즘 가족의 모습과 비슷해 보이죠.

3부

夏目漱石

자기본위의 작가

영국유학과 신경쇠약

소세키의 이야기로 다시 돌아와 보죠. 1892년에 소세키는 홋카이도로 호적을 옮겨요. 당시 일본에 징병제가 있다고 말씀드렸잖아요. 소세키는 징병을 피하기 위해서 홋카이도로 호적을 옮깁니다. 당시 홋카이도는 식민지에 준하는 취급을 받고 있었기 때문에 징병의 대상이 아니었거든요. 이런 거 보면 소세키는 좀 다른 사람이에요. 전쟁을 굉장히 싫어했어요. 한 번도 참전한 적이 없어요. 그리고 전쟁에서 돌아온 군인들을 굉장히 낯설게, 거리를 두고 바라봤거든요. 그들의 입장에서야 나라에 충성하는 것일 수 있지만, 사실 죽고 죽이는 극한 싸움이잖아요. 그걸 굉장히 혐오했거든요. 그래서 홋카이도로 호적을 옮겨요.

『나는 고양이로소이다』 6장에는 「하룻밤」이라는 단편소설이 언급되는데, 그 저자의 이름이 '소세키' 입니다(318쪽). '송적'(送籍)이라고 한자는 다르지만 소세키(漱石)와 발음이 같아요. 이 이름이 뜻하는 건 호적을 이동시켰다는 겁니다. 그러니까 자신의 실제 경험이 소설에 반영된 거죠. 그렇게 있다가 소세키는 제국대학에 진학을 했어요. 머리도 좋고, 공부도 잘했던 거죠. 제국대학을 다닌 경험이 있어서, 그의 소설에는 지식인들이 많이 나와요. 스스로도 또 탁월한 지식인이어서 문부성 지원으로 영국유학을 다녀오게 된 거죠. 그런데 영국유학을 가서 소세키는 좋아하지 않았어요. "나는 내가 좋아해서 간 게 아니다. 문부성의 명령으로 갔다 온 거야. 거의 천황의 명령으로 영국으로 갔다 온 거야"라고 얘기를 하곤 합니다.

어쨌든 소세키는 유학을 가라는 명령을 받고 영국으로 유학을 갑니다. 소세키가 약간 곰보이기도 하고 키도 작은데, 대도시 런던의 큰 서양인들 사이에 이런 동양인 하나가 떨어진 거죠. 어땠을까요? 지금은 동아시아인들이 워낙 전 세계에 뻗어 있어서 서구인들 사이에 있는 게 낯설지 않잖아요. 그런데 소세키의 시대에는 얼마나 낯설겠어요. 소세키는 유학 기간 동안 열등감, 초조감, 불안감, 이런 거에서 벗어나질 못해요. 사실 신경증을 앓기 시작한 게 유학가서부터예요. 그래서 이렇게 얘기했어요. "후지산 토끼가 번화한 도시 한복판에 내팽개쳐진 기분"(나쓰메 소세키 지음, 『런던탑, 취미의 유전』, 김정숙 옮김, 을유문화

출처 : Maksim(www.wikipedia.org)

소세키가 영국 유학 시절 머물렀던 건물. 소세키는 1900년 5월 문부성 장학생으로 선발되어 영국 유학을 떠난다. 하지만 근대의 최전성기를 누리는 영국에서 소세키는 오히려 근대의 희망 없음을 보았고, 극심한 신경쇠약에 시달리다 1903년에 귀국하게 된다.

사, 2004, 31쪽)이었다고. 그래서 거리에 나가면 사람들의 물결에 휩쓸려가지 않을까. 기차가 내 집으로 충돌해 들어오지 않을까 하는 불안감을 계속해서 느낀 거예요. 지금 기차가 별 거 아니죠. KTX 빼고는 속도 면에서는 제일 느린 게 기차 아닌가요. 그런데 예전에 기차는 굉음을 내면서 빠른 속도로 가니 얼마나 무서웠겠어요. 영화 「설국열차」의 기차를 한 번 생각해 보세요. 그냥 막 질주하는 거죠. 사실 근대 초기 기차가 주는 이미지는 설국열차의 이미지와 닮아 있어요. 빈부격차를 벌리면서 무서운 속도로 다가오는 문명. 저는 그런 설국열차의 모습이 아마 소세키가 상상했던 불안감의 원인이었던 것 같아요.

근대는 또 우리를 다 균질하게 만들었다고 하죠. 그런데 균질화되는 게 좋은 건가요? '평등'이라는 이름으로 포장되지만 사실 하향평준화로 만들어 주죠. 근대에 평등사회를 외쳤는데, 평등해지고 나서 보니까 사람들이 다 낮아졌대요. 낮은 사람을 올리는 게 아니라 모두를 낮게 만드는 거, 이런 평준화가 이루어지는 거죠. 특히 기차가 시골과 도시를 연결하면서 차이를 평준화시키는데, 소세키는 이걸 굉장히 예민하

요코하마 항의 배와 기차의 모습을 그린 우키요에. 페리 내항과 미일화친조약의 주요 무대였던 요코하마와 도쿄 신바시를 오가는 철로가 개통한 것은 1872년 10월이다. 이는 일본에 최초로 놓인 철도로, 무서운 속도로 달리며 근대를 상징하는 철도와 기차가 일본의 대중 앞에 처음으로 모습을 드러낸 것이다.

게 받아들였어요. 그래서 『산시로』라는 작품에는 지방의 까맸던 여자들이 기차를 타고 도쿄 가까이 가면서 얼굴이 하얘지는 장면이 나옵니다. 아주 까맣다가 약간 누르스름하게 되다가 끝내는 모두 하얗게 평준화되는, 이 과정을 보여 주거든요.

소세키는 영국에서 그런 불안감을 느낍니다. 그래서 자기를 매번 "늑대들 사이에 끼어든 삽살개"(나쓰메 소세키 지음, 『문학예술론』, 황지헌 옮김, 소명출판, 2004, 41쪽)처럼 살았다, 이렇게 표현합니다. 신경쇠약에 걸리면서 뭘 어떻게 해야 될지 모르는 불안감에 시달리는 거죠. 그런 불안감을 엄청난 속도로 다가오는 서구문명에서 느꼈던 겁니다. 그런데 소세키는 자신이 신경쇠약에 걸린 걸 나쁘게 생각하지 않아요. "신경쇠약에 걸리지 않는 놈은 아둔한 부자거나 무학, 무양심자거나, 아니면 20세기의 경박스러움에 만족하는 멍텅구리일세. 만약 죽는다면 신경쇠약으로 죽는 게 명예라고 생각하네. 시간이 있으면 신경쇠약론을 써서 천하의 개들에게 자신이 개라는 것을 자각하게 해주고 싶네"(미요시 유키오 엮음, 『소가 되어 인간을 밀어라』, 이종수 옮김, 미다스북스, 2004, 181

쪽). 이렇게 얘기했어요. "자의식의 결과는 신경쇠약을 낳는다. 신경쇠약은 20세기가 공유하는 병이다. 아침부터 저녁까지 나란 무엇일까, 하고 스스로에게 너무 빠져서 노이로제에 걸리는 것은 자기 자신뿐만 아니라 이 시대가 겪고 있는 질병이다"라고도 얘기합니다. 소세키의 말처럼 그 시대에 누군들 '나는 누굴까'를 고민하지 않을 수 있었을까요? 자신은 황인종인데, 자꾸 백인종의 무언가를 해야 하니, '그럼 진짜 나는 뭐지?' 이런 고민을 할 수밖에 없는 겁니다. 그 고민 속에서 결국에는 자기 일거수일투족도 자연스럽게 움직일 수 없는 거고, 그래서 예민해질 수밖에 없는 거죠. 그 결과 소세키는 진짜 나라는 것을 너무 찾고 싶어했습니다.

루쉰의 절망과 공부

그래서 소세키는 나를 찾기 위해 문학론에 빠져듭니다. 문학이 인간에게 어떤 의미를 지니는가를 탐구하는 문학론을 구성합니다. 소세키가 전공한 것은 영문학이었어요. 그런데 전공한 영문학 말고도, 서구 철학, 심리학, 사회학, 문학 등, 다양한 분야의 공부를 굉장히 많이 합니다. 거의 다 섭렵을 해요. 이렇게 예민하고 정밀하게 시대를 조망하는 사람들은 게으르지 않습니다. 고민을 하는 만큼 공부를 해요. 우리는 고민만 하죠(^^).

이건 중국의 루쉰도 마찬가지예요. 소세키는 니체에게서 영향을 많이 받았는데, 이 소세키의 작품을 루쉰이 많이 읽습니다. 영향도 많이 받았고요. 그래서인지 루쉰도 니체에 대한 이해가 깊습니다. 니체뿐만 아니라 낭만파 문학이나 서구의 철학, 과학 같은 학문을 다 섭렵했어요. 자기가 직접 생물학 교과서도 만들었어요. 게다가 전통사회의 학문 있잖아요. 『사기』, 『춘추좌씨전』, 사서삼경, 이런 전통 학문에 대한 공부도 그냥 대강 한 게 아니라 거의 전공 수준으로 깊이 파고들었어요. 상고시대부터 청나라 때까지 문학을 깊이 연구했는데, 어떤 한 분야의 학문을 전공하는 것과 달리 '문사철'을 다 포괄하는 거죠. 한마디로 동서양의 문사철을 다 섭렵하고, 그 수준도 전공연구자보다도 훨씬 더 깊다는 겁니다. 그냥 남의 걸 되풀이한

게 아니라 자기가 직접 읽고 정리한 걸 글로 다 써서 남겼어요.

이런 걸 보면 시대를 고민하고 자기 길을 찾는다는 건 쉽게 되는 건 아니라는 걸 알 수 있습니다. 문명과 전통사회 너머에서 새로운 길을 찾아가는 사람은 게을러서는 안 된다는 거죠. 진짜 부지런하게 고민하고 공부해야 돼요. 루쉰이 정말로 절망한 적이 있어요. 신해혁명이 끝나고 나서 너무너무 절망했어요. 애당초 루쉰에게는 가족에 대한 절망이 좀 있었어요. 할아버지가 부정부패로 감옥살이를 하죠. 뇌물을 주고 과거시험에 자식을 합격시키려고 하다가 걸려요. 그랬는데도 정신을 못 차리고 완고한 수구세력으로 살다 돌아가셔서 루쉰이 할아버지를 너무 미워했어요. 할아버지가 죽고 나서 일기가 있었는데, 이 일기를 어떻게 할까 동생이 물으니까 그냥 태워 버리라고 합니다.

그런 할아버지의 시대가 신해혁명으로 청산된 거잖아요. 그런데 실제로 신해혁명이 한 것은 관리들의 얼굴만 바꾼 거예요. 청조에서 중화민국이 되었는데, 관료들의 얼굴과 이름만 바뀌고는 아무것도 안 바뀌었다는 거예요. 너무너무 절망합니다. 이렇게 절망한 가운데서 무얼 했을까요. 루쉰 박물관을 가서 진짜 놀랐는데요. 루쉰이 그 시절 즈음에 탁본해 온 비문들을 읽고 베꼈다고 합니다. 그냥 소일거리로 베꼈겠지 생각했어요. 그런데 박물관에 그 탁본을 베낀 공책들이 남아 있는 거예요. 그 글씨가 어쩜 그렇게 또박또박하고 가지런한지. 그건 절망한 사람이 쓴 게 아니에요. 우리는 절망하면 정신 못 차리죠. 텔레비전만 보거나, 게임만 하거나 그럴 텐데, 이 루쉰 선생은 옛 비문을 또박또박 베껴요. 너무 예쁜 글씨로. 글씨가 정말 흐트러짐이 하나 없어요. 정말 루쉰다운 글씨더라고요. 그 절망 가운데에서 탁본을 또박또박 베껴쓰는 그 마음이 느껴지는 거예요. 흐트러지지 않고 자기 내공을 쌓는 것이 느껴졌습니다. 그래서 우리가 "가족 탓이야", 이렇게 절망하시는 분들은 루쉰이나 소세키가 한 것을 우리가 그대로 따라하면 돼요. 그러면 길을 찾을 수 있어요. 가족에 대처하는 방안 중 한 가지입니다.

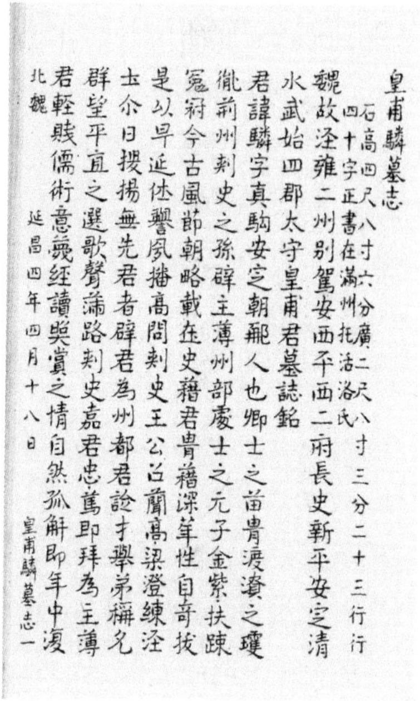
皇甫驎墓志
石高四尺八寸六分廣二尺八寸三分二十三行行
四十字正書在滿州托活洛氏
魏故涇雍二州別駕安西平西二府長史新平安定清
水武始四郡太守皇甫君墓誌銘
君諱驎字真駒安定朝那人也鄉士之冑貴渡濱之瓊
儁荊州刺史之孫辟主簿州部處士之元子金紫扶疎
冠冕今古風節朝略載在史籍君冑籍深年性自奇拔
是以早延休譽風播高聞刺史王公召蘭高梁澄練涇
士介日援揚無先君者辟君為州都君詮才舉弟稱允
群望平直之選歌聲藹路刺史嘉君忠篤即拜為主簿
君輕賤儒術意幾經讀與賞之情自然孤解即年中凌
延昌四年四月十八日
皇甫驎墓志一
北魏

황보린의 묘지(墓志)를 필사한 루쉰의 글씨. 신해혁명 이후의 환멸을 겪으면서도 루쉰은 옛 비문들을 또박또박 베끼며, 마음을 다잡아 나갔다. 이런 꿋꿋함이 이후 격변의 역사와 수없는 위협 속에서도 지치지 않고 시대에 대한 글을 써내려간 힘의 원천이 아니었을까?

'자기본위'라는 개념

어쨌든 소세키는 문학론 강의를 하면서, 신문명을 열심히 탐구하면서 당대를 관찰합니다. 서구에서는 거의 몇백 년에 걸쳐서 근대문명이 일어났잖아요. 그런데 일본은 몇십 년 동안 그 몇백 년에 일군 것을 다 따라가려고 하니 얼마나 헉헉거렸겠어요. 이게 보이는 거예요. 그런데 그렇게 쫓아간 근대의 뒤꽁무니가 꼭 바람직한 것도 아니죠. 아까 제가 말씀드린 것처럼 소세키는 근대의 종말을 미리 보았죠. 자유로운 개인이란 이름으로, 무한경쟁의 전투장에 사람들을 밀어넣고 투쟁하게 만드는 사회, 불신만 팽배하여 마음을 나눌 수 없는 사회, 이것이 소세키가 진단한 근대사회의 묵시록입니다. 소세키는 개화의 무가치함을 알고 염세적이 되었습니다. 그렇다고 새로 밀려오는 문명으로부터 벗어날 길도 없었어요. 그 가운데서 살아야 되는 거예요. 이미 이게 대세고, 문명이에요. '근대로부터 벗어나고 싶어'라고 외쳐도 벗어날 수 있어요? 자본주의 사회를 비판하지만 벗어날 수 있나요? 없어요. 그래서 우리는 더 염세적이 될 수밖에 없어요. 이

“

시대를 고민하고 자기 길을 찾는다는 건 쉽게 되는 건 아니라는 걸 알 수 있습니다. 문명과 전통사회 너머에서 새로운 길을 찾아가는 사람은 게을러서는 안 된다는 거죠. 진짜 부지런하게 고민하고 공부해야 돼요.

걸 알았어요.

소세키가 서구 근대에서 벗어나는 방법을 어떻게 찾았을까요? 절에 들어가서 참선을 좀 했어요. 문명과 개화에 대한 염증도 있었고, 가족관계에서 오는 고민도 다 겹쳐 있었겠지요. 그래서 선방에 들어갑니다. 우리가 요즘 하고 있는 거랑 똑같죠. 그렇지 않나요? 나를 찾아 마음수양을 하러 선방에 들어간다. 명상하러 다니고, 마음치유 학교, 마음수련 학교 같은 걸 많이들 다니시잖아요. 그런데 소세키는 돌아옵니다. 그렇게 한다고 해도 안정이 되지 않고, 길도 보이지 않았어요. 문명 개화에 대한 반발로 선방에 틀어박히듯 일본 구 사회로 돌아갈 수는 없는 노릇이니까요. 마치 "알코올 중독에 빠지고 나서, 아, 술을 먹지 말았어야 했는데, 하고 생각하는 것"(『나는 고양이로소이다』, 602쪽)이나 다름이 없는 거지요. 소세키가 좀 풍자가 있죠. 소설을 읽을 때 꼭 소세키의 언어를 음미를 하시면 좋아요. 매우 재미있습니다.

소세키는 이런 고민을 무기삼아 자기 시대를 관찰, 비판하면서 근대문명 너머 새로운 근대를 모색해요. 소세키는 두 개의 성, 두 개의 가문, 두 사람의 아버지 사이에서 분열되어 있는 상태였잖아요. 그리고 전근대와 근대, 일본과 영국 사이에서 분열되어 있는 상태였지요. 소세키는 이런 분열 상태에서 맹렬하고 전투적으로 길을 찾아 나섰어요. 어떻게 하면 이 분열 상태를 넘어설 수 있을까요? 소세키는 문학론을 구상하는 과정에서 전통 너머, 근대 너머의 길을 찾아요. 이런 고민을 통해 만들어 낸 단어가 있습니다. 소세키 하면 탁 튀어 오르는 단어가 있어요. '자기본위'. 소세키는 부모와 양부모 사이에서, 일문학과 영문학 사이에서, 전통과 문명 사이에서 고민을 합니다. 그런데 시대가 이런 갈등을 어떻게 처리하죠? '서구문학이 보편이야', '서구문명이 보편이야'라고 주입하던 시대인 거예요. 그런데 소세키는 질문하죠. '이게 진짜 보편이야?'라고. 문학이란 무엇인가, 이걸 동양의 많은 작가들은 질문했어요. 그런데 이렇게 질문한 사람은 없었어요. '이게 진짜 보편인가'라고 물은 사람은…. 영문학도 '로컬'한 거고, 일문학도 '로컬'한 거예요. 모든 문명은 다양체예요. 다양체이기 때문에 그 어떤 것도 사실 보편이라고 하는 것은 말이 되지 않아요. 모든 것이 로컬이라면 그 로컬에서 자기 로컬을 추구하는 것이 필요하겠다. 그래서 영문학도 일문학도 아닌 진짜 나만의, 소세키식의 길을 찾아내야 되겠다. 이렇게 생각하고 그걸 문학론에서 탐구하고 찾아낸 거예요. 그래서 나는 '자기본위'라고 하는 이 네 글자를 소세키의 특징이라고 생각합니다. 소세키는 내가 보편적인 일본인이 아니라 독립된 한 명의 개인으로서의 일본인이다, 라는 감각을 가지고 있습니다. 그 개인 일본인으로서의 문학. 타인이 한 것을 그대로 따라가는 것이 아니라, 내 식으로 만들어 내는 것. 이것이 '자기본위'라는 개념이거든요.

그런데 문학 내부에서는 구할 수 없었어요. 소세키는 문학 바깥으로 나가 과학과 철학을 파고 또 파서 자기 식의 문학을 만들어 내려고 했고, 끝내는 '자기본위'라는 개념에 도달하게 된 거예요.

소세키와 같은 청년들은 구식 일본의 압박에도 견딜 수 없고, 동시에 새로운 서양의 압박에도 견딜 수 없었어요. 신세대 청년들에게는 구식 일본의 압박만큼 서양의 압박도 고통스러워요. 소세키는 이 고통을 해결하기 위해서 문예에 매달렸어요. 특히 서양 문예를 연구했어요. 서양 문예에 얽매이기 위해 연구하는 것이 아니라 얽매인 마음을 해탈하기 위해 연구했어요. 서양 문예와 동양 문예를 비교하는 그 사이에 길이 있다고 여겼던 겁니다. 왜 문예였을까요? 문예는 기술도 사무도 아니고, 인생의 근본정신에 맞닿아 있는 사회의 원동력이에요. 문예는 위대한 정신의 자유에 의해 만들어져요.

소세키는 동서가 접속하는 그 경계에서 자기의 운명을 충실하게 발전시키고, 확장시키려 애썼어요. 그러고는 자기만의 문학론을 정립해요. 소세키는 문학론을 정립하기까지의 심경을 이렇게 이야기합니다.

> 문학이란 무엇인가 하는 개념을 근본적으로, 자력으로 만들어 내는 방법 외에는 구할 길이 없다고 자각하게 되었습니다. 지금까지는 완전히 타인본위여서 근본이 없는 부평초와 같이 그 근처를 되는대로 표류하고 있었기 때문에 소용이 없었다는 사실을 발견하게 되었습니다. […] 그때 당시는 서양인이 이렇다고 말하면 이것저것 모두 맹종하며 거들먹거리고 있던 시대였습니다. 그렇기 때문에 함부로 외

래어를 남발하여 다른 사람들에게 자신을 선전하면서 득의양양해하던 사람들이 죽 늘어서 있을 정도로 지천에 깔려 있었습니다. [⋯] 이렇게 말하는 나도 실제로 그런 사람 가운데 한 사람이었습니다.(나쓰메 소세키, 『문명론』, 236~237쪽)

소세키는 '자기본위'라는 네 글자를 찾아낸 기쁨을 이렇게 표현합니다.

고백하자면 나는 이 네 글자(자기본위)로부터 새롭게 시작했습니다. 그래서 그때까지 한 것처럼 단순히 다른 사람이 타고 가는 말의 뒤꽁무니를 빌려 타고서 헛되이 소동을 부리는 것만으로는 어쩐지 마음이 놓이지 않기 때문에, 그렇게 서양인인 체하지 않아도 좋을, 움직일 수 없는 이유를 훌륭하게 그들 앞에 내놓을 수 있다면 나 자신도 자못 유쾌할 것이고 다른 사람도 필시 기뻐할 것이라고 생각하여 저서라든가 다른 수단에 의해서 그것을 성취하는 작업을 평생의 사업으로 삼으려 작정했던 것입니다. 그때 나의 불안은 완전히 사라졌습니다. 나는 경쾌

한 마음으로 음울한 런던을 바라보았습니다.(같은 책, 239~240쪽)

소세키는 각자 '자기본위'의 길을 걸으라고 촉구합니다.

자기 자신이 주인이고, 다른 사람은 손님이라는 신념은 오늘날의 나에게조차 특별한 자신감과 안정감을 부여해 주고 있습니다. […] 어떻게 해서든지 자기의 곡괭이로 광맥을 파낼 수 있는 곳까지 나아가지 않으면 안될 것입니다. […] 반드시 국가를 위해서만 그렇게 하라는 것은 아닙니다. 또 여러분들의 가족을 위해서만 그렇게 하라고 말씀드리는 것도 아닙니다. 여러분들 자신의 행복을 위해서 그것이 절대적으로 필요한 것은 아닐까 하고 생각하기 때문에 그렇게 말씀드리는 것입니다.(같은 책, 241~243쪽)

근대라는 이 좌표가 모든 사람에게 행복을 줄 거라는 건, 이건 판타지예요. 그게 아니라 진짜 내가 만든 어떤 길, 내 식의 어떤 삶의 방식이 나에게 행복을 줄 거라는 생각을 해야 하죠. 그 길을 찾는 건 어렵잖아요. 그래서 어떻게 표현했어요? "곡괭이로 광맥을 팔 때까지". 많은 분들이 보통 이 말에 감동하더라고요. 그래서 자기 곡괭이로 그걸 파고들어가는 거, 그게 바로 자기본위라고 얘기를 했는데, 이 자기본위는 사실 생각하면 상대적 차이에 의해서 만들어지는 게 아니에요. 절대적 차이에 의해서 만들어지는 거예요. 상대적 차이는 비교, 대조가 가능해요. 그리고 기준이 같아요. 기준이 같은데 자기본위는 하나의 기준으로부터 벗어나서 다른 걸 만들어 내는 거거든요.

그래서 절대적 차이에는 통일된 가치 기준 따위는 존재하지 않는다는 거죠. 소세키는 '자기본위는 이기주의, 자기중심주의, 유아적 자기중심성이 아니다'라고 분명하게 얘기를 했어요. 자기본위 하면 보통 어떻게 생각하죠? 이기주의라고 생각할 수 있잖아요. 그게 아니라 자기만의 독특한 길을 만들어 내는 것, 어디에도 구속되지 않는 길을 말합니다. 그래서 이걸 보통 '단 한 사람의 일회적 실천'이라고 얘기해요. 문학이나 예술이 단 한 번의 어떤 실천이잖아요.

또다시 만들어 낼 수 없잖아요. 누구도 모방할 수 없는 길, 진짜 단독자의 길이에요. 이게 바로 자기본위라고 얘기했어요.

만약 지금 개인이 해방되어야 된다면 우리가 이 길을 찾아가야 되겠죠. 고모리 요이치는 "기존의 모든 사람이 사고하는 방식을 끝까지 회의하고 철저하게 그 시비를 밝힌 다음, 스스로 주장하는 것이 있다면 비록 외톨이가 될지라도 감히 실천한다는 단독성을 품고 살아가겠다는 각오"(『나는 소세키로소이다』, 214쪽)가 되어 있어야만 '자기본위'가 가능하다고 얘기해요. 그런데 자기본위라고 하는 게 한 발 잘못 내딛으면 뭐가 돼요? 자기중심주의? 이기주의? 이렇게 가지 않으려고 아슬아슬한 줄타기를 하는 거죠. 자기본위라고 하는 건 어떤 절대적 차이를 만드는 것이고, 일회성이자 유일성이에요.

우리의 삶을 생각해 보세요. 사람은 단 한 번 세상을 살죠. 단 한 번 살고 가는 겁니다. 그리고 저라는 사람이 세상에 또 있나요? 유일하죠. 이런 유일하고 일회적인 존재가 이 보편을 너무 따르면서 살고 있는 거예요. 보편이라고 하는 이 가치 기준에 자기를 맞추는 거예요. 그래서 진짜 자기가 누구인지를 모른 채 사는 겁니다. 서구문명이 내 삶의 방식이야, 이렇게 그냥 세뇌되는 거죠. 그렇게 받아들여서 그런 보편적 기준이 마치 나인 것처럼 되면, 어느 순간에 내가 누구지, 라고 회의하게 되는 거죠.

소세키는 '나는 그렇게 가지는 않겠다'라고 이야기를 하는 겁니다. 그런데 그걸 할 수 있는 길은 소세키에게는 문학밖에 없었어요. 소설을 통해서 일회성과 유일성을 실험하는 그 방법밖에는 없어요. 그렇게 해서 나쓰메 소세키식의 소설이 탄생하는 거예요. 소세키의 소설은 서구 근대의 리얼리즘 소설들과는 또 달라요. 근대 소설은 많은 경우 전지적 작가 시점으로 서술을 하죠. 작가가 굉장히 엄정하게 객관적으로 어떤 현실을 기술하는 것 같지만, 거기에는 어떤 개입이 있습니다. 작가의 조망 속에서 작가의 의식대로 주인공과 주변의 인물들을 배치하고 작가 자신의 삶과 가치관을 그대로 주입하는 거죠. 이렇게 작가가 조정을 합니다. 그런데 이게 진짜 리얼인가요, 그렇다면 이게 리얼리즘 맞나요?

자주 이야기되는 거지만, 원근법이 가장 근대적

일본문학에 근대 리얼리즘을 도입한 것으로 유명한 쓰보우치 쇼요(坪內逍遙, 왼쪽)와 그의 책『소설신수』(오른쪽). 일본문학을 근대의 방향으로 정초한 리얼리즘이라는 사조와는 달리, 소세키는 '중심이 없는 소설', '줄거리가 없는 소설', '주체가 없는 소설'을 지향했다.

인 거죠. 소실점이 있고, 거기에 주체가 있죠. 대상을 보는 주체. 주체 입장에서의 원근법이에요. 화가라는 주체의 입장에서 원근법을 가지고 그림을 그리는데, 대상의 입장에서는 어떨까요? 대상의 입장에서는 세상이 다르게 보이겠죠. 이런 것이 전지적 작가의 눈으로 본 세상이에요. 이걸 리얼하다고 말할 수 없어요. 어떻게 보면 동양의 수묵화가 더 리얼할지도 모릅니다. 그게 훨씬 더 풍요로운 리얼함일 수 있는 거죠. 대상의 입장에서, 예컨대 산의 입장에서 보는 건데, 거기에는 주체의 자리, 곧 중심, 소실점이 지워져 있습니다.

마찬가지로 중심이 없는 소설, 줄거리가 없는 소설, 주체가 없는 소설. 소세키가 지향한 게 바로 그것입니다. 사실 소세키의 소설 속에 주인공은 있죠. 그런데 주인공이 주체로 확고하게 활동하는 게 아니라 매번 사건 때마다 달라집니다. 자기도 자기를 모르는 거죠. 그러다 보니 소세키의 작품을 읽으면서 너무 괴로워하는 분들이 많아요. 소세키 소설을 읽고 나면 '뭐라는 거야', 이렇게 이야기들을 하시죠. 이게 소세키가 근대 리얼리즘 소설과는 변별되는 자기 식의 어떤 소설관을 가지고 있다는 이야기도 되는데, 이게 자기본위예요.

이렇게 이 세상에 둘도 없는 단 하나의 개성이지만, 또 차별화는 거부합니다. 어느 것이 '더 좋다, 아니다'라는 차별화를 벗어나기 위해서 자기본위는 위계화를 거부하는 거예요. 소세키의 시대에는 위계가 너무 많았습니다. 영문학/일문학, 보편/국지적인 것, 문명/야만. 어마어마한 차별화 속에서 이런 틀이 작동하고 있는 거예요. 우리한테는 서구문화가 절대적으로 차별적인 것이지만, 그렇다고 전통 사회를 그대로 유지한다면 멸망으로 가는 행위가 되는 거죠. 게다가 '우리 민족은 너무 열등하다'는 인종주의가 여기에서도 작동하잖아요. 너무 열등해서 서구문화를 따라가지 않으면 곧 멸종이라는 겁니다. 우리의 위기의식은 그랬던 거예요. 우리가 민족주의를 강조한 이유는 서구보편문화에 대한 열등감을 상쇄하면서 서구보편문화를 '민족' 안에서 발견하기 위한 거라고 할 수 있어요. 바로 그런 걸 지운 자리에 소세키의 자기본위가 있습니다. 우리가 지금 해야 할 일을 말해 준다는 점에서 정말 놀랍죠. 일본과 미국과 중국, 우리가 맺고 있는 이 복잡한 관계 속에서 우리가 해야 할 게 이 소세키식의 자기본위가 아닐까 싶어요.

어쨌든 이것이 소세키가 소설을 쓰는 이유였어요. 가라타니 고진이 해석했듯이, 자기본위란 자신을 어디에도 소속시키지 않는, 다른 말로 하면 어떤 아이덴티티도 거부하는 아이덴티티. 하나의 정체성이라고 묶어 말할 수도 없는 그것만이 정체성인 거죠. 정체성 없는 게 정체성이라는 말입니다.

흉내 내지 않는 삶

소세키는 이렇게 자기본위를 찾으면서 글쓰기를 하려고 작정을 하게 됩니다. 그래서 다카하마 교시(高浜虚子)라는 친구가 제안을 했어요. 신경쇠약으로 고생하니까 한 번 소설을 써보라고…. 그래서 나온 것이 소설 『나는 고양이로소이다』예요. 이 이야기는 1904년 12월 마사오카 시키(正岡子規)의 거처에서 개최된 야마카이(山會)에서 처음 낭독되었고, 1905년 1월 『호토토기스』(ホトトギス)라는 잡지에 발표됐어요(『나

소세키에게 소설을 쓰도록 권유한 다카하마 교시(高浜虛子, 왼쪽)와 하이쿠 혁신운동의 대표적 인물인 마사오카 시키(正岡子規, 오른쪽). 소세키는 이들과 하이쿠 모임을 하는 등 친분이 깊었고, 그런 이유로 첫번째 작품인『나는 고양이로소이다』를 이들이 창간한『호토토기스』를 통해 발표했다.

는 고양이로소이다』, 635쪽 ; 가라타니 고진, 『근대문학의 종언』, 조영일 옮김, b, 2006, 58쪽 참조). 그래서 그런지 『나는 고양이로소이다』는 눈으로 읽는 게 아니고 소리 내서 읽는 소설이에요. 일본 소설들을 성우들이 오디오북으로 만들었는데, 『나는 고양이로소이다』는 일본어를 잘 못하더라도 듣고만 있어도 너무 좋아요. 그래서 왜 이렇게 좋지, 했더니 낭독을 감안해서 만들어진 소설이라고 얘기하더라고요. 그래서 여러분들이 혹시 일본어를 잘하시면 인터넷에 파일 같은 게 많이 있어요. 한번 찾아서 들어 보세요.

그리고 이때부터 이름을 나쓰메 소세키(夏目漱石)로 바꾸었어요. 긴노스케에서 소세키. 이 소세키라는 말은 한자로는 수석(漱石)이거든요. 침류수석(枕流漱石)에서 나온 말이에요. 침류라는 말은 흐르는 물을 베개 삼는다는 뜻이고요. 그 다음에 '수석'은 돌로 양치질한다는 뜻입니다. 수(漱)자가 양치질한다는 뜻이거든요. 그래서 흐르는 물을 베개 삼고 돌로 양치질한다라는 말인데, 좀 이상하죠. 원래는 침석수류여야 합니다. 침석수류를 잘못 썼는데, 잘못된 것이 아니라고 우기는 고사에서 나온 말로, 지기 싫어하는 완고한 사람을 뜻하는 것이기도 해요. 나는 내 멋대로 살리라. 내가 전봇대로 이를 쑤시든 무얼 하든 상관 말아라. 이 말이 그 말이에요. 그래서 소세키는 '남들처럼 하지 않겠다', '남들이 가는 길을 그대로 따라가지 않겠다'라는 의미로 이렇게 말을 확 비틀어 버린 것을 자기 이름으로 삼은 거죠. 복종하는 삶을 살지 않겠다, 흉내 내는 삶을 살지 않겠다. 이걸 선언한 거예요. 그야말로 이름에서도 자기본위를 드러낸 거예요. 이렇게 해서 나쓰메 소세키라고 하는 자기본위의 소설가가 탄생을 했어요.

길들여지지 않는 도련님

夏目漱石

4부

도련님, 자기본위의 초상

근대문명은 일본을 탈바꿈시켰습니다. 기차는 무서운 속도를 내며 시골에서 문명 도시로 사람들을 실어 날랐죠. 도쿄의 구식 건물은 연일 파괴되고 새로운 빌딩이 건설되었고요. 일본의 풍경만큼이나 사람들의 일상도 내면도 바뀌어 갑니다.

이 격랑의 한복판에서 내일을 살아갈 청춘들도 길잃은 양처럼 방황했습니다. 나쓰메 소세키는 전통사회와 근대문명의 교차로에서 방황하는 청춘의 풍속도를 미시적으로 그립니다. 이 거대한 문명사를 매우 세밀하고 개체적으로 그린다고 할까요? 소세키는 뒤틀려 가는 인간 관계와 개별적 인간들의 내면풍경을 미세하게 포착합니다. 근대문명과의 조우 이후 돈, 사랑, 연애, 가족, 결혼, 우정, 노동, 지식, 죽음 등등 모든 문제들이 다르게 전개됩니다. 소세키는 그 과정에서 끊임없이 파동하는 마음을 현미경적 시선으로 들여다봤어요.

『도련님』과 『산시로』에는 일과 화폐, 지식과 사랑에 얽힌 관계들의 비틀림 속에서 근대적 제도에, 금권에 혹은 패권에 포획되지 않으려는 청춘들의 몸부림이 담겨 있어요. 나쓰메 소세키는 근대 자본주의 문명사회에서 자기본위로 사는 일의 힘겨움과 고투를 보여 줍니다. 우리 또한 소비사회에 포획되지 않으면서 자기본위로 공부하고 일하고 사람들과 관계 맺으며 살 수 있을까요?

『나는 고양이로소이다』가 나오고, 그다음에 나온 소설이 『도련님』이에요. 1906년 『호토토기스』에 발표했어요. 나쓰메 소세키 소설 중에 가장 시원하고 통쾌한 소설이 아닐까 싶어요. 사실 다른 작품들은 속 터져 죽어요. 자의식에 시달리는 인물들이 매번 내면의 고백을 하죠. 그래서 어떤 분들은 너무너무 싫어해요. 그런데 이런 것이 또 우리의 모습이기도 하죠. 남이 나를 어떻게 보는지를 신경쓰면서 자신의 비밀을 말을 못하죠. 그래서 뭐 특별한 게 있는 것처럼 감추고 딴 사람 의식하고 사는 것인데, 그러면서도 진짜 자기를 찾고 싶어 하는 존재의 몸부림을 소세키의 많은 작품들이 담고 있어요.

그런데 『도련님』에서는 정말 길들일 수 없는, 길들여지지 않는 천방지축 도련님이 주인공이에요. 자

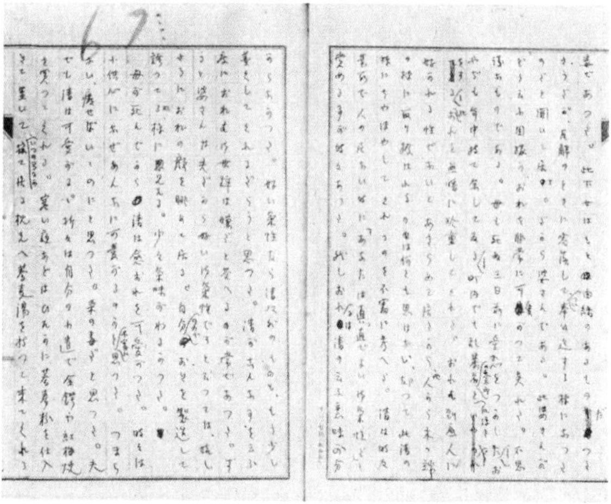

『도련님』의 육필원고

기본위라고 하는 개념을 인물에 대입해서 본다면 이 '도련님'이 딱 그 초상이 아닐까 싶을 정도입니다. '도련님'은 자기본위의 위력을 아주 폭발적으로 보여 주는 것 같아요. 이번 강의의 핵심이 되는 이야기를 소세키의 『도련님』으로 정한 것도 이 작품의 이런 면 때문입니다. 이 작품이 청년들한테 참 맞겠다 싶기도 하고요. 『도련님』의 주인공은 어떤 상황에도 굴하지 않고 솔직하고 당당하고 자기 존재를 드러내는 사람입니다. 우리가 '존재감 갑'이라고 하잖아요. 그런 캐릭터가 도련님이에요. 시종일관 그래요.

『도련님』에는 '나'라고 하는 화자가 나옵니다. 이 '나'가 주인공 '도련님'이죠. 그런데 이 집안에는 부모님이 있고 형이 있어요. 그리고 하녀 할멈 기요가 있습니다. 옛날에는 일하는 사람을 많이 뒀잖아요. 이 하녀 할멈 기요가 주인공을 어렸을 때부터 매번 '도련님'이라고 부르는 거예요. 사실은 메이지 시대는 신분이 해방된 시대라서 '도련님'이라고 안 불러도 되는데 주인공을 특별하게 '도련님'이라고 불러요. 일종의 존경의 의미예요. 기요가 이 도련님을 너무 좋아하거든요. 그런데 이 도련님은 너무 앞뒤 가리지 않는 성격이에요. 행동하고 보는 아이가 있잖아요? 화자인 '나'는 이런 성격을 "부모님에게 물려받았다"고 합니다.

어린 시절부터 진짜 무모하기 짝이 없는 행동을 겁 없이 저질러요. 한번은 이층에서 뛰어내려서 허리를 삐어요. 그러면 아버지가 "너 왜 허리를 삐는 위험한 짓을 했어"라고 혼을 내겠죠. 그러면 이 아이는 안 하겠다고 하지 않고, 다음에는 허리를 삐지 않고 뛰어내리겠다고 하는 거예요. 또 선물 받은 칼을 가지고 뭐든 다 벨 수 있다고 자랑을 해요. 그런데 친구가 손가락을 잘라 보라고 하자, 어떻게 했을까요? 잘라요. 진짜 자기 엄지손가락을 비스듬히 벴어요. 이런 기행을 서슴지 않아요. 이런 애를 둔 부모는 좋을까요, 싫을까요. 부모는 '너는 제대로 되기는 틀린 인간'이라고 아이에게 매일 이야기를 합니다. 그 아버지는 눈곱만큼도 얘를 귀여워해 주지 않아요.

그런데 이 아이는 여기에 굴하지 않아요. 자기네랑 똑같이 사는데 왜 그래? 아버지 엄마를 똑같이 닮았는데 왜 나한테 뭐라고 하는 거야? 자기네는 그랬으면서 나는 다르게 살래? 이렇게 반항을 하는 거죠.

그래서 “요 모양대로 산다”, 이게 화자의 말이에요. 형무소에 가지 않는 걸 다행으로 여기면서 산다고요.

책임감과 솔직함

그런데 이 도련님이 자기가 저지른 일에 대해서는 반드시 책임을 진다는 게 중요합니다. 이게 굉장히 중요한 도련님의 특성이에요. 비겁하게 안 한 것처럼 회피하거나 이러지 않는다는 거예요. 이 시대가 교양이라는 이름을 갖게 되는 근대인들이 탄생하는 때잖아요. 학교를 다녀요. 근대 교양, 매너, 이런 것으로 새로운 옷을 입어요. 그렇게 해서 사람들의 얼굴은 거의 ‘신의 얼굴’을 하고 있어요. 소세키가 그렇게 얘기했어요. 사람들이 교양을 갖추고, 겉모습도 최고의 인간처럼 하고 있는데 안은 어땠을까요? 소세키식 표현으로 하자면 ‘돼지 불알’을 닮았다고 얘기를 해요. 겉은 신의 얼굴인데, 안에는 돼지 불알인 거죠(나쓰메 소세키 지음, 『우미인초』, 송태욱 옮김, 현암사, 2014, 341쪽). 근대인들은 외면은 아름다운데, 내면은 무례하기 짝이 없는, 겉과 속이 다른 인간으로 진화하고 있다는 뜻이에요.

『도련님』에도 이런 모습을 지닌 '하이칼라'(서양식 유행을 따르는 이들을 이르는 말)들이 되게 많이 나오죠. "하이칼라 놈들, 협잡꾼, 사기꾼, 양의 탈을 쓴 늑대, 야바위꾼, 날다람쥐, 앞잡이, 멍멍 짖어대는 개새끼"(나쓰메 소세키 지음, 『도련님』, 송태욱 옮김, 현암사, 2013, 137쪽)라고 이야기를 합니다. 겉은 굉장히 교양 있는 척하면서 사실은 사기꾼이자 협잡꾼이라는 거죠. 그래서 도련님은 자기는 벌을 받을 행동을 했으면 벌을 당당히 받고 칭찬 받을 행동을 했으면 칭찬을 당당하게 받아요. 그래서 엄마 아버지가 '너 진짜 꼴 보기 싫다'고 하면 정말 집을 나가서 친척 집에 가버려요. 이걸 언행일치가 되는 거라고 해야 할까요? 그렇게 가족에도 매이지 않는 거예요. 부모님이 하라는 대로 살지도 않을뿐더러 부모님과 떨어져 살아도, 가족을 벗어나도 전혀 겁을 내지 않는 거예요.

강의 초반에도 말했지만, 가족은 마치 계약관계 같은, 마치 우리가 물물교환하듯이 살고 있는 관계인데, 이건 『도련님』에서도 마찬가지예요. 내 식대로 안 되니까 자식을 막 미워하는 거예요. "어차피 제대로 되긴 틀렸어"(『도련님』, 17쪽)라고 부모가 자식을 신뢰하지를 않습니다. 그래서 집을 떠나는 거예요. 그런데 그때 마침 또 어머니가 돌아가십니다. 그래서 연락을 받고 집에 돌아왔더니 형이 너 때문에 어머니가 빨리 돌아가신 거라고 이야기해요. 그래서 형하고도 불화를 겪어요. 어머니도 나를 정나미 떨어져했었고, 아버지도 나를 처치곤란이라고 여겼지요. 동네사람들은 나한테 난폭한 아이라고 손가락질하고. 벌써 주인공 도련님은 근대사회에 포획되기 어려운 존재겠구나라는 점이 느껴지시죠.

그런데 이 도련님은 그렇게 길들여지지 않은 것에 무슨 자책 같은 게 없어요. 죄의식 그런 거 하나도 없어요. 주인공과 대조적으로 형은 공부도 잘하고 부모의 말도 잘 듣습니다. 그러니까 부모에게 칭찬을 받고 사랑을 받아요. 그런데 도련님은 아니에요. 이런 아이를 전적으로 감싸준 게 누구였을까요? 기요라는 할멈이에요. 그래서 딴 사람들이 다 천덕꾸러기로 여기지만 기요만은 이 도련님을 존경해요. "도련님은 올곧고 고운 성품을 지녔어요"(『도련님』, 19쪽)라고 이야기를 합니다. 유일하게 알아봐 주는 거죠. 그래서 아버지, 형이 없을 때마다 이 할멈이 뭘 숨겼다가 줘요. 그런데 얘는 그렇게 주는 걸 싫어합니다. 진짜 정직한 거죠. "내가 가장 싫어하는 것은 사람들 눈을 속여가며 나만 덕을 보는 일이다"(『도련님』, 20쪽). 이게 도련님이 가지고 있는 자기만의 가치예요.

이렇게 결과를 생각하지 않는 행동파 도련님이지만 굉장히 솔직하다는 거, 정직하다는 거, 그리고 남을 속이지 않는다는 것을 알아봐 주는 사람이 있는 거죠. 그래서 아버지에게 꾸중 듣고 형하고는 싸우지만 기요한테는 칭찬을 받죠. 이것이면 충분하다는 거예요. 부모에게 사랑을 받지 않아도 결핍감을 안 느껴요. 가족 구성원 밖에 나를 믿어 주는 할멈이 있으니까. 이런 와중에 아버지가 또 죽어요. 아버지, 어머니가 일찍 죽고 재산을 남겨 줍니다. 너무 좋아합니다.

이런 거 보면 소세키는 가족이라는 구성을 되게 싫어했던 거예요. 가족으로 구성되어서 산다는 걸 거추장스럽게 생각하고 태생적으로 싫어했던 것 같아요. 그런데 실제로는 결혼하고 자식도 뒀어요. 그러다 보니 부인하고 엄청난 불화를 겪습니다. 그래서 그 부인이 자살소동도 벌이고 그러죠. 소세키가 생각하기에 결혼이나 가족을 만든다는 건 불행한 일이라고 생각을 하고 있었던 겁니다. 소세키는 결혼제도 속에서 결혼을 거부했다고 할 수 있어요. 우리도 보통 가족을 만든다는 건 든든한 내 의지처를 만드는 거라고 생각을 하잖아요. 포근한 안식처를 만드는 거라고. 우리가 지금까지 흔들리지 않고 그렇게 여겨 왔는데 요즘에 막 흔들리고 있는 거죠.

어쨌든, 아버지가 죽고 나자 형은 재산을 처분해서 규슈로 떠나요. 주인공은 따라가지 않습니다. 형이 600엔을 줬는데, 그 돈을 가지고 그냥 물리 학교에 입학해 버려요. 생각도 안 해요. 즉흥적이죠. 공부를 하고 졸업을 합니다. 어차피 태생이 가족에 소속될 수는 없는 성향을 가지고 있었으니, 형하고 살 수는 없었겠죠. 그런데 이 도련님이 같이 살고 싶었던 사람이 한 사람 있었어요. 기요 할멈입니다. 자기 혈연이 아니라 이 기요라는 할멈과 살고 싶어하는데, 집이 없어서 함께 살 수가 없었어요.

여기까지, 도련님을 통해서 소세키가 말하는 건 뭘까요? "독립적으로 살아라", "가족에 의지하지 말아라", "가족을 떠나라". 아마 청년들한테 이런 얘기를 하는 거 같아요. 가족에 얽매이지 말아라. 당신들이 하고 싶은 걸 해라. 도련님은 혼자 살지만 고독하지 않아요. 가족에 소속되기를 원했는데 가족과 못 살게 되었다면 결핍감 때문에 불행하겠죠. 다시 한 번 말하지만, 이 도련님은 애초에 소속되고 싶은 마음이 조금도 없었어요. 부모가 원하는 대로 살기를 거부하는 거예요. 소세키가 이렇게 이야기를 합니다.

> 소생은 무엇을 하든 내 식으로 하는 것이 나에 대한 의무이자, 또한 하늘과 부모님에 대한 의무라고 생각하오. 하늘과 부모님이 이런 인간을 낳은 이상, 이런 인간으로 살라는 의미 외에 해석할 방법이 없소. 이런 인간 이상으로도 이하로도 할 수 없는데 억지로 어떻게 해보려 하는 것은 당연히 하늘의 책임을 내가 대신 지고 고생하는 거라 생각하오. 이 논법으

로 말하면 부모와 싸움을 해도 충분히 자기 의무를 다하는 것이 되오.(미요시 유키오 엮음, 『소가 되어 인간을 밀어라』, 184쪽)

소세키가 청년들한테 해주고 싶은 말이기도 해요. 부모만 등지라고 말하지 않습니다. 하늘에 등을 지더라도, 자기가 하고 싶은 걸 하는 게 자신의 의무를 다하는 것이라고 이야기를 합니다. 주위 사람들, 도쿄 시민, 일본 내지는 세계 전체 사람의 의사에 등을 돌리게 되더라도 자기 자신에게는 멋지게 의리를 지키는 게 된다고, 자기 역량을 시험해 보라고 말합니다.

오늘날의 우리도 이렇게 담대하고 용감할 수 있을까요? 부모님이 주는 게 너무 많고 달콤해서 어렵겠지요. 부모 말은 안 듣지만 부모님이 주는 그 안락함은 포기할 수 없기 때문에 절대로 등을 지지 않습니다. 요즘 부모들의 고민이 자녀들이 나갔다가 다시 들어오는 거라면서요. 제가 아까 아이들이 방에 들어가서는 나오지도 않고, 부모와 대화도 하지 않는다고 말씀드렸죠. 그런데 부모가 마련한 이 안락한 생활을 포기할 수는 없는 거예요.

그런데 등을 지려면 확실하게 져야 되거든요. 진짜 자기 자신을 밀고 나가기 위해서는…. 그러려면 그 안락을 포기해야 됩니다. 독립한다는 건 안락을 포기하고 진짜 자립한다는 거예요. 자기본위는 자립의 문제예요. 혜택은 다 받으면서 자립하겠다, 이럴 수는 없는 거죠. 그건 탈주가 아니에요. 그런데 도련님은 진짜 탈주를 했어요. 돈이 얼마 없으니까 하숙방에 살죠. 작은 하숙방에 칩거하면서 잔소리도 싸움도 없는 생활을 하죠. 그렇게 공부를 마치고 시코쿠 근방 중학교에 부임을 하는 거예요.

그런데 도련님의 행로가 재미있는 게, 가족에서 나와서 학교라는 사회로 이동하는 겁니다. 근대가 제공하는 대표적인 공동체가 가족과 학교라는 점에서 의미심장하죠. 나쓰메 소세키의 시대는 자식들을 생산자로 만드는 시대예요. 이건 아까도 소개했던 지그문트 바우만의 이야기인데요. 본질적으로 생산의 시대라는 겁니다. 사회적으로 생산량을 늘려야 되잖아요. 그래서 학교와 군대가 중요해집니다. 학교에서 교육을 받은 노동자들이 군대식의 공장에서 생산을 하는 시대라는 거예요.

이런 생산의 시대에 부모의 역할은 무엇이었을까요? 철두철미한 감시입니다. 그런데 자상한 안내자로 자식을 보호하는 것처럼 포장이 되죠. 부모는 가정이라는 울타리에서 자식을 보호하면서 '자유인'이 되지 못하게 합니다. 생산하는 데 결정적으로 지장을 줄 수 있거든요. 그래서 성에 대한 감시, 멋대로 하는 것에 대한 은밀한 감시를 하는데, 사실 이건 생산을 독려하는 시대의 산물이에요. 이건 부모와 사회와 자본주의가 결탁을 한 거죠. 교양 있는 하이칼라가 야바위꾼, 협잡꾼이라는 건 이런 면을 지적한 것입니다.

그러면 요즘은 어떨까요? 지그문트 바우만은 우리가 소비사회에 살고 있다고 해요. 소비사회의 부모들은 어떨까요? 지금은 생산의 시대가 아니라서 부모는 아이들의 보호자나 감시자로서의 역할을 할 필요가 없게 되었대요. 아이들을 집과 학교와 군대에 묶어두면서 엄격하게 보호·감시하는 건, 생산사회에서는 미덕이었지만 소비사회에서는 아이들에 대한 학대가 될 수 있어요.

소비사회 부모의 미덕은 돈 열심히 벌어서 아이들의 소비를 도와줘야 해요. 부모는 아이들과 함께 밖으로 나가 소비해야 해요. 이걸 못하고 집을 지키면 무능한 부모이고, 거기다 아이들을 집에 묶어 놓고 감시하면 억압적인 부모가 되는 거죠. 소비의 주체로서의 가족이 최우선으로 하는 것은 그야말로 돈이죠. 돈이 안 중요했던 적은 없지만 소비사회에서는 돈이 전부예요. 부모와 자식의 돈독한 관계가 돈 이외의 다른 것으로 유지될 방법이 없어요. 좋은 부모는 돈 많은 부모요, 좋은 자식은 돈 많은 자식이에요. 소비로 증강되는 쾌락은 점점 더 많은 돈을 요구하게 되고, 충족되지 않을 때 가족은 불안해하고 갈등하죠. 가족 간에 벌어지는 무서운 사건이 얼마나 많아요? 소비사회가 가족의 심상을 이렇게 움직이고 있는 겁니다.

'학교'라는 이름의 위선과 허위

그러니 가족은 붙어 있으면 안 되는 거죠. 도련님처럼 떠나야 되는 겁니다. 일정 나이 이상이 되면 떠나야 하는데, 가정을 떠나더라도 학교라고 하는 사회로 편입이 돼요. 사실 가족의 훈육과 학교의 훈육은 비슷한 거예요. 그래서 가족의 훈육과 학교의 훈육은 연대를 합니다. 학교에 대해서는 도련님이 교사로 부임을 해서 겪는 이야기로 살펴볼 수 있을 것 같아요. 이 도련님은 교사로 부임해서 어땠을까요? 학교에서 지켜야 하는 '교사답다', '학생답다' 이런 기준이 우리에게 주어지죠. 교사다움, 학생다움이라는 매너를 우리한테 장착시키려고 합니다.

그런데 도련님은 교사답기를 거부해요. 그리고 학교 내부자로서의 길을 거부하는 겁니다. 나는 그냥 돈 받고 수학을 가르치는 사람이다. 이런 식인 거죠. 그래서 도련님이 학교에 부임하자마자 교장이 이 신임교사한테 일장연설을 늘어놓거든요. 뭐라고 하냐면 "학생의 모범이 되세요. 학교의 사표로서 존경받지 않으면 안 됩니다. 학문 이외에 덕으로 학생들을 교화하지 못하면 교육자가 될 수 없습니다"(『도련님』, 32쪽). 이렇게 이야기를 하니까, 도련님은 진짜 어처구니없는 주문을 마구 한다고 생각해요. 이 도련님은 가식도 없고, 체면도 없어요. 사회에 대한 책무도 없어요. 그래서 속으로 이렇게 생각해요. "아니, 그렇게 훌륭한 사람이 월급 40엔을 받고 이렇게 먼 촌구석까

『도련님』의 배경이 된 마쓰야마 중학교. 소세키는 1895년에 이 학교에 영어 교사로 부임했다. 『도련님』은 이때의 경험을 배경으로 쓰여진 것으로 알려져 있다.

지 올 리 만무하지 않은가? 인간이란 대개 비슷하다. 누구든 화가 나면 싸움 정도는 할 수 있다고 생각하고 있었는데, 이런 분위기라면 함부로 입도 놀릴 수 없고 나다닐 수도 없지 않겠는가? 그렇게 어려운 역할이라면 채용하기 전에 이러저러하다고 알려주었어야지"(『도련님』, 32쪽).

그런데 그는 거짓말을 싫어하죠. 그래서 교장한테 "교장선생님 말씀대로는 도저히 할 수 없습니다. 임명장을 반납하겠습니다."(『도련님』, 32쪽) 이렇게 이야기를 하고 거절하고 돌아가겠다고 생각해요. 우리의 도련님은 생각에만 머무는 사람이 아니에요. 생각이 떠오르면 바로 얘기를 합니다. 그랬더니 교장이 원래 교사는 희망대로 되는 게 아니니까 걱정하지 말라고 얘기를 해요. 처음부터 이렇게 겁을 주지 않았으면 좋았을 텐데요. 그러니까 이런 식의 앞뒤가 안 맞는 위선, 허위를 도련님은 절대로 용납을 하지 않는 거예요. 그렇지만 도련님 같은 사람을 오히려 우리는 보통 뭐라고 얘기를 해요? "철딱서니 없다. 천방지축이다"라고 이야기를 하죠.

그런데 도련님에게 문제가 있다기보다 우리에게

서 무언가가 사라진 거죠. 그래서 '~다움'이라고 하는 것으로 나를 포장하고 이중생활을 하는 거예요. 이 주인공은 이중생활을 하고 싶은 마음이 조금도 없어요. 학교에서도 집에서도. 도련님은 교장의 위선에 침을 놓으면서 이 중학교가 있는 시골 마을에 자리잡아요. 도련님이 부임한 시골은 훈도시로 겨우 몸을 가린 뱃사공의 거룻배로 건너야 하는 곳이에요. 도련님의 실망은 끝나지 않아요. 이 조그만 어촌에서도 사람들은 잇속 차리기에 정신 없었어요. 하숙집 주인은 매일 골동품을 갖고 와서 팔아 보려고 애를 씁니다. 도련님은 집에 가면 하숙집 주인 때문에, 학교에서는 학생들과 교사들로 인해 기분이 안 좋습니다. 다행히 도련님은 배짱이 두둑하진 않지만 단념은 굉장히 빠른 사람이라 30분만 지나면 깨끗이 잊어버립니다. 도련님은 쌓아 두지 않아요. 즉각 행동으로 옮기기 때문에 쌓이는 게 없는 거죠.

도련님은 학생들과도 충돌합니다. 학생들도 교사에 대한 이미지를 가지고 있어요. 학생들도 교사에게 교사답기를 요구합니다. 학생들은 모르는 수학문제는 모른다고 인정하는 '나'를 놀리며 경멸해요. 뿐만 아닙니다. 도련님은 먹고 싶은 걸 못 참아요. 교사답지 않지요? 메밀국수나 경단을 사먹으러 다녔는데, 학생들은 도련님의 일거수일투족을 주시하며 메밀국수를 네 그릇이나 먹었다고, 경단을 먹었다고 교실마다 칠판에 대서특필하여 빈정거려요. 빨간 수건을 휘두르며 온천에 다닌다고 놀리고, 온천에서 수영을 하고 온 날엔 '수영금지'라고 칠판에 쓰는 식으로 신임교사를 단련시켜요. 조그만 마을에서 교사 노릇을 하면 도련님처럼 하고 싶은 거 다 하기가 쉽지 않죠? 하지만 이 주인공은 '교사라고 왜 내가 괜히 교양 있는 척을 해야 돼?', '왜 점잖은 척을 해야 하지?' 하면서 교사다움을 거부해요. 학교라는 사회가 명령하는 기준을 도련님은 당당하게, 단호하게, 거리낌 없이, 위축되지 않고 무시해 버려요. 속이 시원하지요?

급기야 학생들은 숙직하는 이부자리에 메뚜기를 몇십 마리 집어넣어 놀래키고, 기숙사의 마룻바닥을 쿵쾅거리며 '나'를 몰아대어요. 자신들에게 맞추지 않는 교사를 노골적으로 배척하고 괴롭히는 거죠. 도련님에게 수학교사는 40엔의 월급을 받고 수학을 가르치는 일을 하는 사람일 뿐인데 말예요. 도련님은 이

마쓰야마 중학교 학생들과 찍은 기념사진. 앞에서 세번째 줄 왼쪽 두번째가 소세키다.

런 강압적 행위에 굴복하지 않아요. 교사의 행위 매뉴얼은 언제 누가 정한 것인가요? 정작 인간이라는 관점에서 봤을 때 교사다움을 요구하는 그들이 오히려 비겁하고 가식적이며 비열하기 짝이 없습니다.

메뚜기로 도련님을 놀래킨 학생들은 자기들이 한 일이 아니라고 시치미를 뗍니다. 도련님은 이런 학생들은 "비열한 놈들"이라고 말합니다.

> 한 것은 한 것이고 안 한 것은 분명히 안 한 것이다. 나 같은 사람은 아무리 장난을 쳐도 뒤가 켕기는 게 없다. 거짓말을 하고 벌을 피할 생각이라면 처음부터 장난 같은 건 아예 하지 말아야 한다. 거짓말과 벌은 붙어 다니기 마련이다. 벌이 있기에 장난도 기분 좋게 칠 수 있다. 장난만 치고 벌은 싫다는 비열한 근성이 대체 어느 나라에 유행한다고 생각하는 것인지. 돈을 빌려 놓고 갚기 싫다고 하는 건 모두 이런 녀석들이 졸업해서 할 짓임에 틀림없다. 대체 중학교는 뭐하러 들어온 것인가. 학교에 들어와 거짓말을 하고, 속이고, 뒷전에서 살금살금 건방지고 못된 장난이나 치고, 그러다가 젠체하며 졸업을 하

면 교육 좀 받았습네, 하고 착각한다.(『도련님』, 56쪽)

소세키는 근대의 학교가 앞에서는 잘난 척하고 뒤에서는 남을 속이는, 비열한 야바위꾼을 양산하는 제도라고 생각했어요. 도련님은 학생들과의 한 판 전투를 마다하지 않아요. 메뚜기로 도련님을 겁줬던 학생들은 또다시 도련님에게 도전해 옵니다. 학생들은 정면승부를 하지 않아요. 자신들을 드러내지 않고 뒤통수치는 식으로 싸움을 걸어요. 한밤중에 30, 40명이 떼로 모여 소리를 지르며 숙직하는 도련님을 잠들지 못하게 농락합니다. 나는 복도에 앉아서 졸다가 기어코 학생을 잡습니다. 그리고 학교에 학생들의 처분을 요구합니다. '나'가 가장 싫어하는 건, 적당히 봐주고 적당히 타협하는 거예요. 자신이 한 일에 대해 스스로 책임을 지는 게 정당한 행위 아닌가요?

미치광이들을 날뛰게 하는 교육

소세키는 학교 교육을 근본적으로 회의합니다. 학생

다움, 교사다움을 요구하는 학교가 어찌하여 학생들의 거짓말, 비겁함은 방치하는 것인가요? 소세키는 지식만 집어넣는 교육이 어떤 해로움을 가져올지 전망했습니다. 학교는 정직하고 당당한 인간을 길러내는 역할을 못 하고, 겉과 속이 다른 사기꾼을 길러내는 데 일조하는 곳이 되고 맙니다. 이 도련님은, 자기 자신이 한 일에 대해 스스로 책임을 지는 학생을 키우지 않는 학교를 회의적으로 바라보고 있어요. 근대 교육이 평등하게 펼쳐지고 있지만, 근대인을 이런 식으로 양산하고 있다는 거죠. 여기에 대해 근본적으로 문제제기하고 있는 거예요. 지식만 넣어 주는 교육이면서, 무언가 굉장한 인격을 키워 주는 것처럼 얘기한다는 거예요.

소설 속 교사들도 굉장히 이중적입니다. 교감을 '빨간셔츠'라는 별명으로 부르는데, 이 도련님은 선생님들을 다 별명으로 불러요. 『나는 고양이로소이다』에서 이런 모습이 연상되는 말을 합니다. "사회는 어쩌면 미치광이들이 모여 있는 곳인지도 모르겠다. 미치광이들이 모여서 맹렬히 싸우고 서로 으르렁거리고 욕을 퍼붓고 빼앗고. 그 전체가 집단적으로 세포처럼 무너졌다가 다시 솟아나고 솟아났다가 다시 무너지며 살아가는 곳을 사회라고 하는 것인지도 모른다"(『나는 고양이로소이다』, 465쪽).

이런 사회에서 정상적인 사람이 정신병원에 갇히는 거죠. 오히려 미치광이들이 날뛰는 거예요. 그래서 이 미치광이들이 세력을 잡아서, 이들이 정상적인 인간인 것처럼 보이는 사회. 이런 사회의 모습이 학교에서도 펼쳐진다는 거죠. 그렇지 않나요? 도련님 같은 인물은 이상하고 천방지축이고 사회를 모르는 애송이, 그리고 나머지 비겁한 행위를 하는 사람들에 대해서는 정상이라고 하는 거죠. 겉으로는 그래서 순응하는 척해야 한다고 교사들이 노골적으로 얘기를 해요. 마음에 있는 그대로 얘기하면 당신만 손해라고 충고를 하죠. 정직하면 손해 보는 사회라고. 이런 이야기들이 오고가는 게 교사 사회고 학교예요.

그러니 이 교육이 어떤 것이겠는가를 지적하는 겁니다. 근대 교육이 갖고 있는 근본적인 문제를 짚고 있는 거죠. 그런데 이 학교의 교사들은 다 점잖은 체를 해요. 그런데 이 주인공은 그 점잖은 체를 깨고 싶어서 다 우스꽝스러운 모습으로 포착을 하죠. 교장은

'너구리',교감은 '빨간셔츠', 영어 선생님은 너무 물러 터져 '끝물호박', 수학 선생은 '산미치광이', 미술 선생은 '알랑쇠', 이렇게 부르는데, 좀 '초딩'스럽죠.

학생들을 잡아 처분을 요구하는 이 24살의 신임 교사에게 충고랍시고 하는 말이, 위험하다는 둥, 학교는 사사로운 정이나 관계에 얽매이는 곳이라 학생 때 생각처럼 산뜻하게 돌아가는 곳은 아니라는 둥, 정직하면 이용당한다는 따위였어요. 나빠지지 않으면 사회에서 성공할 수 없다고 부추기기까지 합니다(『도련님』, 75쪽). 빨간셔츠 같은 사람들은 정직하고 순수한 사람을 보면 '도련님', '애송이'라 불러요. 세상 물정을 모르는 철부지라고 깔보는 겁니다. 이들은 솔직하지 않아요. 가면을 쓰고 사람을 대하면서 자신의 이권을 위해 이용할 뿐입니다. 기요 할멈이 주인공을 '도련님'이라고 부르는 것과는 완전히 차원이 다릅니다. 기요는 주인공의 정직함을 좋아하고 신뢰해서 마음을 다해 진지하게 도련님이라 불렀던 겁니다. 정직한 도련님은 빨간셔츠의 부추김에 넘어가지 않아요. 도련님의 사전에는 타협, 타락, 허위, 협잡과 같은 단어는 있지 않거든요. 도련님은 집안에서의 행동과 사회

소세키가 부임하기 일년 전인 1894년에 찍은 마쓰야마 중학교 교사들의 사진. 이 사진을 찍은 이듬해에 소세키가 영어교사로 부임해 온다.

에서의 행동이 다르지 않아요. 언제 어디서나 솔직하고 정의롭고 책임감이 강했습니다.

학교는 도련님이 추구하는 세상과 거리가 멀어요. 빨간셔츠는 도련님이 메밀국수 네 그릇 먹은 걸 가지고 교양이 없다고, 선생답지 않다고 비난해요. 도련님에게 사람이 물질적인 쾌락만을 추구해서는 안 되며 고상하고 정신적인 오락을 찾아야 한다고 조언해요. 한껏 고상한 척했던 빨간셔츠는 동료 교사인 끝물호박의 애인을 가로채기 위해 음모를 꾸미는 동시에 마을의 게이샤와 놀아나요. 빨간셔츠는 도련님이 혐오해 마지않는, 겉과 속이 다른 인간이에요. 지위를 이용하고 월급을 이용하여 교사들을 자기 맘대로 움직이는 패권주의자이자 금권주의자. 도련님에게 월급을 올려주는데, 도련님은 그것이 끝물호박을 먼 섬 학교로 보내면서 자신에게 주어진 반대급부였음을 알고 과감히 월급 인상을 거부해요. 내가 받는 혜택으로 누군가의 몫이 줄어든다는 것을 아는 도련님은 분명 이치를 꿰뚫은 자임에 틀림없어요. 도련님의 이런 행동은 다른 사람의 불행을 이용하여 이득을 챙기는 '얍삽한' 인간들에게 하이킥을 날린 거라 볼 수 있겠죠. 도련님은 용기는 넘치는데 지혜는 부족하다고 스스로를 진단했지만, 세상을 통찰하는 면에서는 노련하다고 할까요. 노숙한 철부지라고 할 수 있겠죠.

빨간셔츠와 같은 선생은 어떻게 해야 할까요? 자, 우리 도련님은 어떻게 했을까요? 도련님은 교감 빨간셔츠와 빨간셔츠를 추종하는 미술선생 알랑쇠에게 통쾌한 복수를 펼쳐요. 몇 날 며칠을 여인숙에 숨어 있다가 빨간셔츠가 게이샤를 만나는 순간, 붙잡아서 두들겨 패는 것으로 복수를 완성해요. 결국 산미치광이와 손잡고 이 이중적이고 타락한 교사들에 대한 복수에 성공합니다. 그리고 산미치광이도 도련님도 시원하게 사표를 던지고 학교를 떠나요. 시원하고 통쾌하지요? 도련님은 적당히 적응하면서 사회에 물들어 가는 세태에 저항하고, 그것을 조장하는 제도로부터 과감하게 탈주해요.

조건 없는 증여와 새로운 '가족'의 탄생

여기서 돈의 문제를 좀 살펴볼 필요가 있는데요. 도련

님은 돈에 관한 철학도 분명해요. 기요 할멈은 꿍쳐놨던 돈을 주인공한테 막 줘요. 그런데 주인공은 이 돈을 갚지 않습니다. 이는 기요 할멈을 무시해서가 아니에요. 기요 할멈을 자신의 일부분으로 생각하기 때문입니다(『도련님』, 80쪽). 할멈과 나 사이는 그렇게 대가를 치러야 되는 관계는 아니에요. 아름다운 증여가 일어나는 관계예요.

도련님은 독립적인 인간이에요. 돈에, 권력에 포섭되지도 그런 것에 의지하여 사람을 회유하거나 환심을 사지도 않아요. 도련님은 겉과 속이 다른 인간이 베푼 것에 대해서는 반드시 갚아 버려요. 도련님은 수학선생 산미치광이와 처음 만났을 때는 어떤 선입견도 가지지 않았어요. 두 사람이 팔빙수를 같이 먹었는데, 이때 산미치광이가 먼저 빙수값을 내요. 도련님은 산미치광이에게 호의를 갖고 있었기 때문에 빙수값을 갚지 않았어요. 도련님은 이렇게 말해요. "빙수든 감로차든 남에게 신세를 지고도 가만히 있는 것은, 상대를 어엿한 사람으로 보는 것이고, 그 사람에 대한 후의에서 나오는 것이다. 내 몫을 내면 그뿐인 것을 마음속으로 고맙게 여기는 것은 돈으로 살 수 없는 보답이다. 아무런 지위가 없다 해도 나는 한 사람의 독립된 인간이다. 독립된 인간이 머리를 숙이는 것은 백만 냥보다 소중한 감사라고 생각해야 한다"(『도련님』, 75쪽). 도련님이 산미치광이에게 1전 5리를 쓰게 한 것은 백만 냥보다 귀중한 답례였던 거죠. 그러다 산미치광이가 이중적이고 비열한 인간인 줄 오해했을 때 도련님은 빙수값 1전 5리를 산미치광이의 책상에 가져다 놔요. 그러나 산미치광이가 용감하고 정직한 사람임을 알았을 때는 1전 5리를 다시 가져갑니다. 도련님의 행동이 어린아이 같다고 하지만, 이것은 길들여지지 않은 야생성이 아닐까요? 도련님에게는 범접할 수 없고 흉내 낼 수 없는 위엄이 느껴져요. 자신이 옳다고 여기는 것을 거리낌 없이 실행에 옮기는 것, 이것이 진정한 용기겠지요.

대가 없는 증여는 기꺼이 받을 수 있는 겁니다. 할멈과 주인공도 서로 마음을 주는 거예요. 도련님은 자신이 가족을 선택합니다. 새로운 가족을 구성한다는 게 맞겠지요. 도련님은 학교로부터 탈주하여 도쿄로 돌아옵니다. 기사로 취직한 후 기요 할멈과 가족이 됩니다. 기요 할멈을 책임질 수 있는 준비가 끝난 겁니다. 도련님이 봤을 때 기요는 교육도 받지 못했고 신분도 낮은 할멈이지만 아주 고귀한 사람입니다. 도련님이 인정한 가족은 기요였어요. 진짜 가족은 도련님에게 가족이 될 수 없었습니다. 이렇게 새로운 가족이 탄생한 겁니다. 도련님은 가족제도 바깥에서 가족을 구성해요. 기존의 가족에서는 이런 관계가 구성되지 않는데 새로운 가족에서는 가능한 거죠. 이 둘 사이의 관계는 대가 없는 관계이기 때문이죠.

제가 부부관계가 나빠지는 이유를 말씀드렸는데요. 네가 마음을 다 줄 것을 요구하고, 그걸 소유하려고 하기 때문입니다. 이런 소유관계 속에서 싹트는 사랑은 절대로 끝이 좋을 수가 없죠. 불화 말고는 길이 없습니다. 그런데 기요 할멈은 주인공에게 엄마도 아니고 여자도 아니에요. 그러니까 궁극적으로 생각하면 우리는 이성이 아니고 엄마나 아빠도 아닌 관계 속에서 살아야 제대로 소통하면서 살 수 있다는 겁니다. 혈연을 넘어서, 성이라고 하는 관계도 넘어서 누군가와 관계 맺기를 하지 않으면 함께 살기는 굉장히 요원해져요. 혈연도 이성적인 사랑도 아닌 관계를 만들려면 전적으로 믿고 전적으로 받아들여야 하죠. 그것 말고는 길이 없다는 것을 보여 주고 있는 거 아닌가요.

돈으로 환산될 수 없는 어떤 흐름이 만들어지고 있는 이 관계. 이게 사실은 궁극적으로 가족제도 너머의 새로운 가족이에요. 나쓰메 소세키가 『도련님』을 통해 우리에게 얘기해 주고 싶은 건 근대의 가족관계는 사실 소유를 중심으로 하는 관계라서 이 안에서는 서로 불행해진다는 겁니다. 관계를 맺고 있는 것 같지만 진정한 소통은 아예 안 된다는 겁니다. 그래서 더 외롭고요. 지금의 가족으로는 그것밖에는 안 된다는 거예요. 그래서 우리도 기요 할멈과 도련님이 맺는 이런 관계를 가져야 합니다. 기존의 가족과는 완벽하게 다르겠죠. 거기에 있는 존경, 거기에 있는 절대적 사랑은 소유의 사랑이 아니고 내가 하고 싶은 걸 다 존중해 주는 사랑인 거죠. 그걸 기꺼이 기뻐해 주는 사람들과의 관계, 줘도 줬다는 생각이 안 드는 사랑, 이런 관계를 만드는 데 진정한 '가족'이 있다는 겁니다.

그래서 궁극적으로 이 도련님의 마지막은 가족의 재구성이에요. 혈연으로 맺은 가족에서는 진정한 관계가 불가능하다는 것. 그래서 가족으로부터 탈주해서 자신이 가족을 어떻게 재구성할 것인가를 고민해야 한다는 겁니다. 이것은 '가족'이라는 이름으로 불러도 좋고요, '공동체'라는 이름도 좋은데, 어쨌든 그렇게 재구성하지 않는 한 우리가 다른 형태의 관계를 구성하기는 참으로 힘든 시대에 살고 있다는 거예요. 지난 100년 동안 근대를 살아오면서 개인들은 너무 힘들게 살았습니다. 그래서 많은 사람들이 뭔가 다른 관계를 맺을 수 있는 '진정한 자기'를 그렇게 찾는 거예요. 그런데 '나'라고 하는 건 늘 '타인'과의 관계 속에서 구성되는 거잖아요. 독립적인 나는 없어요. 타인과의 관계 속에서 차이를 가진 나, 그리고 이런 나가 오롯이 인정되는 관계. 이걸 우리가 만들려면 어떻게 해야 될까요?

『도련님』이 우리에게 그 방법을 제안하는 것 같아요. 우리 청년들은 진짜 하고 싶은 게 있으면 겁내지 말고 해야 해요. 그런데 그 속에서 당당하게, 용감하게 자기 행위에 대한 책임을 철저히 질 것. 그리고 어떤 관계망 안에서 절대적 차이를 만드는 일을 하는 거예요. 저는 이게 소세키가 제시한 길이라고 생각해요. 『도련님』의 '나'는 가족에도 사회에도 포획당하지 않았어요. 말하자면 근대적 제도에 순종하지 않으면서 근대 너머의 길을 모색하는 존재라고 할 수 있어요. 일본 사회의 노예로 살지도 않았고, 근대의 노예로 살기도 거부하면서 정직하고 당당하고 거침없이 자기만의 길을 개척한 겁니다. 24살 청년 도련님은 무소의 뿔처럼 나아갑니다. 도련님에게는 조바심도 불안감도 존재하지 않았습니다. 우리 청년들도 도련님처럼 자기 역량을 시험하며 당당하게 앞으로 나아가기 바랍니다. 오늘 강의는 여기서 마치겠습니다.